Basteln & Backen für Groß und Klein

DORIS PAESEN
@cosyfoxes

BASTELN & BACKEN

für Groß und Klein

Kreativ und lecker durch die Jahreszeiten

CV

Vorwort

Viele Kinder lieben es, daheim mit ihren Liebsten zu basteln und zu backen. Am meisten macht es dann Spaß, wenn das Gebastelte auch gleich passend zur Jahreszeit das eigene Zuhause schmücken darf oder wenn z. B. die gebackenen Osterkekse direkt zum Osterfrühstück vernascht werden können. Koch- und Bastelbücher hat man oft einige im Regal stehen. Aber es ist doch viel praktischer, beides in einem Buch vereint zu haben. Kreativ sein macht noch mehr Spaß, wenn man eine feine Auswahl von beidem vor sich hat, darunter auswählen und loslegen kann. Daher meine Idee, zwei schöne Sachen, das Basteln und das Backen, zu einer zu verbinden. Übersichtlich in die vier Jahreszeiten aufgeteilt, erleichtert dieses Buch allen Beteiligten, etwas Passendes zur aktuellen Saison zu finden. Zugleich werden die Ideen zum einfacheren Nachmachen optisch ansprechend von Fotos begleitet. Und da ich es nicht gern mag, übrig gebliebenes Material oder Zutaten wegzuwerfen, werdet ihr sehen, dass sich so manches davon im Buch wiederholt und somit wiederverwendet werden kann.

Jetzt hoffe ich nur noch, dass ihr genauso viel Freude an den Projekten habt wie ich. Und wünsche euch:

Fröhliches Basteln und Backen!

Hugs & Kisses

Doris

Inhalt

FRÜHLING

SOMMER

HERBST

WINTER

Tipps & Tricks

Bevor ihr loslegt, wollte ich euch noch ein paar Tipps und Tricks vorab an die Hand geben. Das soll euch unterstützen und ich hoffe, dass ihr damit (noch mehr) Spaß an den einzelnen Projekten habt und sie immer wieder gerne umsetzt.

Ihr werdet merken, dass sich manche Materialien und Zutaten teilweise in den verschiedenen Projekten wiederholen. Das liegt unter anderem daran, dass ich es wie gesagt sehr schätze, Materialien und Zutaten wiederverwenden zu können und nicht wegwerfen zu müssen. Meist muss man Perlen oder Filz in abgepackten Mengen kaufen und hat am Ende etwas über. Daher habe ich auch im Buch darauf geachtet, Materialien anzugeben, die man vielleicht eh schon zu Hause hat, oder darauf, dass man Reste von anderen Projekten nutzen kann.

BASTELN

Bei den Bastelprojekten ist es hilfreich, verschiedene Scheren zur Verfügung zu haben. Die meisten werden zur Haushalts- oder Bastelschere greifen. Tatsächlich ist aber für feinere und rundere Arbeiten eine kleine Nagelschere oft von Vorteil.

Bei den Klebern gibt es auch Unterschiede. Egal ob Sekundenkleber (Gel oder flüssig), Heißklebepistole, Klebestift oder Kinder-Bastelkleber, jede Art hat ihre Vor- und Nachteile. Flüssige Kleberarten können Papier aufweichen, scheinen dann durch und werden von Stoffen, wie Filz, aufgesaugt. Heißkleber andererseits löst durch die Hitze Styropor auf. Bei Verwendung von Heißkleber aufpassen: Er wird sehr heiß und es besteht Verbrennungsgefahr. Besondere Vorsicht ist auch bei Sekundenkleber geboten. Dieser macht seinem Namen alle Ehre und kann leider auch Gliedmaßen und Augen zusammenkleben!

Acrylfarbe ist wasserfest und eignet sich daher für Projekte, bei denen später Wasser mit verwendet wird.

BACKEN

Den Backofen sollte man grundsätzlich immer vorheizen und so auf die richtige Temperatur bringen.

Alle Zutaten beim Backen müssen immer bei Zimmertemperatur verarbeitet werden. Daher 1 Stunde vorher aus dem Kühlschrank nehmen. Gerade weiche Butter wird durch die Kälte anderer Zutaten wieder fester in der Konsistenz und flockt dann.

Aufgrund des Verhältnisses der Zutaten im Mürbeteig kann man das Rezept schlecht halbieren. Allerdings kann man den Teig wunderbar 4–5 Tage im Kühlschrank und bis zu 2–3 Monate im Gefrierfach aufbewahren, wenn er luftdicht verpackt ist. Außerdem halten sich fertig gebackene Mürbeteig-Kekse mit Fondant oder getrocknetem Royal Icing locker bis zu 2 Monate in einer Keksdose.

Rührschüssel, Schneebesen usw. müssen immer fettfrei sein. Sonst wird Eiweiß nicht steif.

Baisers werden bei niedriger Temperatur getrocknet. Ist die Temperatur zu heiß, karamellisiert der Zucker und sie werden bräunlich oder drohen aufzureißen.

Neue Spritzbeutel sind an der Spitze meistens geschlossen. Je nach Größe der verwendeten Spritztüllen müssen die Beutel noch mit einer Schere aufgeschnitten werden.

Zuckeraugen können auch einfach selbst gemacht werden: weiße Schokolade schmelzen, in eine Spritztüte mit einem kleinen runden Loch füllen und runde Kleckse auf ein Backpapier setzen. Abkühlen lassen und als Pupillen etwas geschmolzene dunkle Schokolade mit einem Zahnstocher auftragen. Noch schneller geht es mit größeren weißen und kleineren dunklen Schokodrops, die es fertig zu kaufen gibt - einfach die kleinen Schwarzen als Pupillen mit etwas geschmolzener Schokolade auf die Weißen setzen, und fertig.

Jeder Backofen verhält sich anders. Die Backzeiten können daher variieren. Bei Kuchen 10 Minuten vor Ablauf der angegebenen Zeit mit der Stäbchenprobe prüfen, ob der Teig vielleicht schon durch ist. Bei Keksen 2–3 Minuten vorab nachsehen, ob die Backzeit nicht schon reicht.

Royal Icing hält 1–2 Tage im Kühlschrank, bevor es verarbeitet werden muss. Einmal getrocknet sind damit verzierte Kekse wiederum 2–3 Monate haltbar.

Auch selbst gemachtes Eis ist 3 Monate haltbar, solange es ohne frisches Ei ist.

Je länger man Butter schlägt, desto weißer wird sie. Ist die Buttercreme zuletzt noch zu gelblich, am besten mit einem minikleinen Tropfen lila Lebensmittelfarbe den Gelbstich neutralisieren oder alternativ mit weißer Lebensmittelfarbe aufhellen. Anschließend wie gewünscht einfärben.

Fondant muss während des Arbeitens immer wieder luftdicht weggepackt werden, da die Oberfläche sonst austrocknet und er sich dann nicht mehr ideal verarbeiten lässt.

Unter Fondant muss immer eine »Fondant-taugliche« Schicht, wie Buttercreme oder Ganache, sein. Sprich eine Creme, die wenig Flüssigkeit enthält. Sonst löst sich der Fondant auf und rutscht von der Torte. Daher müssen die Hände beim Verarbeiten auch trocken sein, da Fondant sonst schmierige nasse Flecken beibehält.

Mit Fondant verzierte Mürbeteig-Kekse sind 2–3 Monate haltbar. Fondant-Dekoration (die nicht zum Essen gedacht ist) kann locker Wochen vorab vorbereitet werden. An der Luft trocknet diese und lässt sich ideal als Deko verwenden.

Schokolade immer nur mit fettlöslichen Lebensmittelfarben färben, sonst klumpt sie und ist ebenso nicht mehr verwendbar.

Beim Backen immer ein Blech und Backpapier bereithalten. Außerdem werden Kuchen und Gebäcke immer auf mittlerer Schiene gebacken.

hand made
hand made
hand made
hand made
hand made
hand made
hand made
hand made
hand made
hand made
hand made
hand made
hand made
hand made
hand made

FRÜHLING

Amica

Osterhasen-Kekse

AUS ZITRONEN-MÜRBETEIG

Nicht nur Kinder lieben diese süßen Osterhasen-Kekse mit dem knusprigen Schwänzchen. Gerade in der Osterzeit bieten sich die Plätzchen prima als kleine Leckerei zwischendurch oder als kleines Extra-Goodie im Osternest an.

MÜRBETEIG

(für ca. 40 Kekse)

1 Ei
1 Eigelb
200 g weiche Butter
100 g Zucker
300 g Mehl plus etwas mehr zum Arbeiten
1 Pck. Vanillezucker
Abrieb von ½ unbehandelten Zitrone
1 Prise Salz

DEKORATION

20 kleine runde Haselnusspralinen

ROYAL ICING

2 Eiweiß
300 g Puderzucker plus etwas mehr nach Bedarf
2 Spritzer Zitronensaft
Lebensmittelfarben (optional)

SONSTIGES

Ausstecher: Hase (ca. 8 cm groß)
Spritztülle (1-mm-Loch)
Spritzbeutel

MÜRBETEIG

Den Backofen auf 180 °C Ober-/Unterhitze vorheizen und ein Backblech mit Backpapier belegen.

Ei, Eigelb und Butter in einer Rührschüssel schaumig quirlen. Zucker unter Rühren einrieseln lassen. Restliche Zutaten für den Teig unterrühren. Zuletzt den Teig mit der Hand durchkneten und für mindestens 30 Minuten in den Kühlschrank stellen.

Dann den Mürbeteig auf bemehlter Arbeitsfläche etwa 3 mm dick ausrollen, daraus Hasen ausstechen und diese mit etwas Abstand auf das Backblech legen. Die Kekse im vorgeheizten Ofen etwa 10 Minuten golden backen.

DEKORATION

Die Haselnusspralinen vorsichtig halbieren.

ROYAL ICING

Für das Royal Icing, auch Eiweißspritzglasur genannt, das Eiweiß steif schlagen. Puderzucker und Zitronensaft unterrühren, bis die Masse glänzt.

Falls Einfärben erwünscht, das Icing auf mehrere Schüsseln aufteilen und jeweils Lebensmittelfarben unterrühren. Die Konsistenz entweder mit mehr Wasser oder Puderzucker anpassen (siehe Tipps & Tricks).

Die Spritztülle in den Spritzbeutel legen und das Royal Icing einfüllen. Das Icing fast bis zum Rand auf den Osterhasen-Keksen verteilen. Zuletzt je eine halbe Haselnusspraline als Schwänzchen daraufsetzen. Die Kekse über Nacht trocknen lassen und danach in einer Keksdose aufbewahren.

TIPPS & TRICKS

Wenn es schnell gehen soll oder für die, die es weniger süß mögen: einfach das Royal Icing weglassen und die halben Pralinen mit etwas Schokoladencreme auf den Keksen befestigen.

Falls das Royal Icing zu flüssig ist, etwas Puderzucker unterrühren. Wenn es zu fest ist, wenige Tropfen Wasser hinzufügen. Aber immer vorsichtig sein, wenige Tropfen Wasser reichen meist schon aus.

Für das gewisse Extra den Hasen mit einem dünnen Satinband eine Schleife um den Hals binden.

Karottenkuchen

MIT GÄNSEBLÜMCHEN UND HASENOHREN

Wenn die Blumen wieder sprießen und die Gänseblümchen blühen, ist der Frühling endlich angekommen. Der Karottenkuchen im Gänseblümchen-Gewand kommt da wie gerufen und macht sich auch super zu Kaffee und Kuchen an Ostern.

DEKORATION

500 g Fondant, weiß
Lebensmittelfarbe Gelb
Puderzucker (oder Bäckerstärke)

KAROTTENKUCHEN

375 g Butter
525 g Karotten
375 g Zucker
6 Eier
560 g Mehl
300 g gemahlene Mandeln
1 ½ Pck. Backpulver
Abrieb von 3 unbehandelten Zitronen
Saft von 1 Zitrone
1 Prise Salz
1 Msp. Zimtpulver

DEKORATION

Mit der Gänseblümchen-Dekoration 2 Tage vorher beginnen. 80 g Fondant mit etwas gelber Lebensmittelfarbe einfärben und beiseitelegen. Restlichen weißen Fondant auf Puderzucker (oder Bäckerstärke) ca. 2 mm dick ausrollen und mit beiden verschieden großen Ausstechern die Blumen ausstechen. Aus dem gelben Fondant kleine Kügelchen formen und mit den Fingern platt drücken. Die Kügelchen mit einem dünnen Backpinsel mit wenig Wasser bestreichen und in der Mitte der Gänseblümchen anbringen.

KAROTTENKUCHEN

Die Springformen mit Backpapier auskleiden. Den Backofen auf 180 °C Ober-/Unterhitze vorheizen.

Die Butter schmelzen und danach etwas abkühlen lassen. Die Karotten raspeln. Den Zucker mit den Eiern schaumig schlagen. Anschließend nach und nach alle weiteren Zutaten zur Zucker-Eier-Masse hinzufügen und zu einem homogenen Teig vermengen.

Den Teig auf die drei Backformen aufteilen und die Kuchen im vorgeheizten Ofen etwa 40 Minuten backen. Anschließend abkühlen lassen.

FROSTING

500 g Butter, zimmerwarm
500 g gesiebter Puderzucker, zimmerwarm
500 g Frischkäse (Doppelrahmstufe), zimmerwarm

FONDANT-TAUGLICHE GANACHE

200 ml Sahne
580 g weiße Schokolade
Fettlösliche Lebensmittelfarben Lila, Weiß

SONSTIGES

Kleiner Backpinsel
Ausstecher (mit Auswerfer; 2 Größen): Gänseblümchen
3 Springformen (ø 18 cm)
Drehbarer Tortenständer oder Platte oder Teller
Winkelpalette oder Teigkarte

FROSTING

Die Butter etwa 5 Minuten schaumig schlagen. Dann in mehreren Schritten den Puderzucker unterquirlen. Zuletzt den Frischkäse vorsichtig unterheben.

Von den Kuchen eventuelle Kuppen abschneiden und die Kuchen jeweils mittig quer teilen, sodass sich sechs Tortenböden ergeben. Die Böden jeweils mit Frosting bestreichen und auf dem Drehständer (oder der Platte oder dem Teller) aufeinanderstapeln. Danach den vollständig zusammengesetzten Kuchen außen rundum einmal dünn mit Frischkäse-Frosting einstreichen und mit einer Winkelpalette oder Teigkarte glatt ziehen. Diese Schicht (Krümelschicht) bindet eventuell vorhandene Kuchenkrümel so, dass die äußere Schicht am Ende frei davon ist. Anschließend 20 Minuten im Kühlschrank kalt stellen.

FONDANT-TAUGLICHE GANACHE

Weiße Schokolade klein hacken und zur Seite legen. Sahne in einen Kochtopf geben und kurz aufkochen. Anschließend Topf vom Herd nehmen, Schokolade hinzufügen und unter Rühren schmelzen. Nun mit einer ganz kleinen Menge der lila Lebensmittelfarbe den Gelbstich neutralisieren und, falls nötig, mit weißer Farbe etwas aufhellen. Ganache auf Zimmertemperatur abkühlen lassen.

Kuchen aus dem Kühlschrank nehmen und mithilfe der Winkelpalette und Teigkarte komplett mit einer Schicht weißer Ganache eindecken und wieder glatt ziehen.

Zuletzt den Kuchen komplett mit den Fondant-Gänseblümchen verzieren. Dazu die Blümchen mit etwas Wasser auf der Rückseite bepinseln und auf der erkalteten Ganache aufbringen.

TIPPS & TRICKS

Frischkäse nur kurz unterrühren, da die Masse sonst gerinnt und das Frosting somit unbrauchbar wird.

Der Kuchen kann zum Schluss optional noch mit dem Hasenohren-Cake-Topper (siehe »Hasenohren-Haarreif & -Cake-Topper«, Seite 31) versehen werden.

Baiser-Blumenstrauß

FÜR DEN MUTTERTAG

Der Klassiker für Muttertag ist seit jeher der Blumenstrauß. Leider verwelkt der oft schneller, als einem lieb ist. Warum dann nicht einfach eine essbare Variante verschenken? Außerdem bedeutet das Wort »Baiser« im Französischen »Kuss« – die perfekte Bedeutung, um Mama eine Freude zu bereiten.

BAISER-MASSE

4 Eiweiß
1 Prise Salz
400 g Puderzucker
Lebensmittelfarben (Gel)
Rosa, Grün, Gelb, Lila

DEKORATION

Deko-Streusel, gelb, rosa

BAISER-MASSE

Den Backofen auf 50 °C Ober-/Unterhitze vorheizen und ein Backblech mit Backpapier belegen.

Das Eiweiß mit dem Salz in eine fettfreie Rührschüssel geben. Beides zu einer schnittfesten Masse aufschlagen. Während das Eiweiß fester wird, den Puderzucker langsam unter Rühren einrieseln lassen. Wenn die feste Masse glänzt, ist der Puderzucker aufgelöst. Dann die Masse in verschiedene Schüsseln aufteilen und jeweils mit wenig Lebensmittelfarbe einfärben.

DEKORATION

Spritztüllen in die Spritzbeutel geben, jeweils passend die farbige Baiser-Masse einfüllen und auf das Backpapier spritzen wie folgt:

Rosen-Swirl: Für die Rosen des Blumenstraußes die rosa Baiser-Masse in die offene Stern-Spritztülle #199 einfüllen. Die Tülle mit der Masse senkrecht zu dem vorbereiteten Backpapier auf dem Blech halten. Mittig beginnen und in einer kreisenden Bewegung nach außen mit zwei Umdrehungen die Rose spritzen.

Rosenblätter: Für die Rosenblätter die grüne Baiser-Masse in die Blatt-Spritztülle #70 einfüllen. Mit der grünen Masse auf dem Backpapier ansetzen und parallel dazu einen Strang in der gewünschten Länge des Blattes spritzen. Zuletzt den Druck stoppen und in einer schnellen Bewegung die Spritztülle wegziehen, sodass eine Spitze entsteht.

Ranunkel: Für die Ranunkel etwas Baiser-Masse auf den Dekornagel und darauf ein Stück Backpapier geben. Die glatte Randtülle #150 in den Spritzbeutel setzen und wieder die rosa Masse verwenden. Den Dekornagel immer zwischen den Fingern rotieren, während die Blütenblätter aufgespritzt werden.

SONSTIGES

Spritztüllen (#199, #70, #150, #104)
Spritzbeutel
Dekornagel

Die Tülle senkrecht zum Backpapier halten und mittig einen geschlossenen Blumenkegel spritzen. Dann im Kreis herum Blütenblatt für Blütenblatt aneinandersetzen. Die Blätter dabei immer leicht überlappen lassen. Wenn die Ranunkel fertig ist, samt dem Backpapier vom Dekornagel ziehen, vorsichtig auf das Backblech legen und gelbe Deko-Streusel in die Blütenmitte geben.

Hawaiianische Plumeria: Für die zweifarbige hawaiianische Plumeria die gerade Blütenblatt-Spritztülle #104 und drei Spritzbeutel verwenden. Die Tülle in den ersten Spritzbeutel geben. Dann weiße und rosa Masse in jeweils einen weiteren Beutel füllen und die Beutel unten aufschneiden. Beide Farben werden nun in den ersten Spritzbeutel mit der Tülle gesetzt, Rosa an der kleinen spitzeren und Weiß an der größeren Seite der Tülle.

Dekornagel wieder mit Baiser-Masse und Backpapier versehen. Die Tülle wieder senkrecht (90°) zum Nagel halten, die kleinere Spitze berührt dabei das Backpapier.

Von dort aus mit der Hand während des Spritzens die Form eines Wassertropfens nachahmen. Dabei mittig des Nagels mit der Spitze des Tropfens beginnen und dort auch wieder enden. So werden fünf Blütenblätter kreisförmig aneinandergesetzt. Da das Rosa immer zur Mitte der Blüte zeigt, bekommt die Plumeria so einen schönen Farbverlauf. Blüte samt Backpapier wieder auf das Blech setzen und auf die Blütenmitte rosa Deko-Streusel geben.

Mit den Resten der Baiser-Masse in den verschiedenen Spritzbeuteln unterschiedlich große Tupfen spritzen.

Zum Schluss die Blüten im vorgeheizten Ofen bei leicht geöffneter Ofentüre etwa 3–4 Stunden trocknen.

TIPPS & TRICKS

In Schraubgläser oder Papiertüten verpackt, sind die Baiser-Blumen ein perfektes Geschenk zu Muttertag.

Falls es nicht möglich ist, die Backofentüre leicht geöffnet zu lassen, kann diese auch geschlossen bleiben. Modernere Geräte haben oft eine Abschaltfunktion, sobald die Türe auf ist.

Hasen, Blumen und Ostereier

AUS QUARK-ÖL-TEIG

Hasen aus Quark-Öl-Teig an Ostern kennen vermutlich viele von euch. Mit ein paar kleinen Tricks schmecken diese noch besser und sehen außerdem gleich festlicher aus.

TEIG

- 200 g Magerquark
- 75 g Zucker
- 50 ml Milch
- 1 Pck. Vanillezucker
- 1 Ei
- 100 ml geschmacksneutrales Speiseöl
- 1 Prise Salz
- 400 g Mehl plus etwas mehr zum Arbeiten
- 1 Pck. Backpulver
- 1 EL Butter zum Bestreichen

DEKORATION

- 1 EL Butter
- 80 g Zucker
- 10 Kokosnusspralinen (variiert nach Anzahl der ausgestochenen Hasen)
- Schokoladencreme oder Zuckerguss
- Aprikosenmarmelade

SONSTIGES

- Ausstecher: Hase (12 cm), Blume (5 cm), Ei (8 cm), Kreis (4 cm)
- Ripsband

TEIG

Den Backofen auf 180 °C Ober-/Unterhitze vorheizen. Backpapier auf ein Backblech geben.

Für den Teig alle Zutaten, außer Mehl, Backpulver und Butter, in einer Rührschüssel zu einer homogenen Masse vermengen. Danach auf Knethaken wechseln und das Mehl mit dem Backpulver unterrühren.

Den Teig auf der bemehlten Arbeitsfläche etwa 1 cm dick ausrollen. Daraus Hasen, Blumen und Eier ausstechen und mit etwas Abstand auf das Backblech legen. Die Butter zum Bestreichen schmelzen und mit einem Backpinsel die Teigoberflächen damit bestreichen. Die Teiglinge im vorgeheizten Ofen 8–10 Minuten backen, bis sie leicht goldbraun sind.

DEKORATION

Die Butter schmelzen. Die frisch aus dem Ofen genommenen Quarkgebäcke damit bestreichen und dann mit dem Zucker bestreuen.

Die Kokosnusspralinen halbieren und mit etwas Schokoladencreme (oder Zuckerguss) auf Schwänzchenhöhe an den Hasen befestigen. Anschließend mit dem Ripsband eine Schleife um den Hals der Hasen binden.

Mit dem runden Ausstecher in der Mitte der Blumen und im unteren Teil der Eier jeweils ein Loch ausheben, dabei darauf achten, dass das Loch nicht ganz durch die Eier und Blumen geht. Zuletzt die Aprikosenmarmelade in die Löcher einfüllen.

TIPPS & TRICKS

Die Ausstecher dürfen nicht zu klein sein, da die Formen sonst verschwimmen und nicht mehr erkennbar sind.

Quark-Öl-Teig-Gebäcke am besten noch leicht warm verzehren.

Wenn die Kokosnusspralinen nicht erhältlich sind, können auch Schoko- oder Haselnusspralinen verwendet werden.

Selbst gemachtes Erdbeereis

ALS OSTERHASE

Als Nachspeise zu Ostern muss es nicht immer ein Schokohase sein. Wie wäre es denn mal mit einem Eis? Ein Erdbeereis, das sich ganz charmant als Osterhase verkleidet. Fast zu süß, um es zu vernaschen!

DEKORATION

125 g Fondant, weiß
Lebensmittelfarbe Rosa
Bäckerstärke oder Puderzucker

ERDBEEREIS

250 g frische Erdbeeren
250 g Sahne
250 g gezuckerte Kondensmilch

SONSTIGES

Auflaufform
Eiswaffel-Spitztüten

DEKORATION

Die Fondant-Dekoration für die Hasenohren und -pfoten schon 2 Tage vorher vorbereiten. 50 g Fondant mit der Lebensmittelfarbe rosa einfärben. Die Arbeitsfläche mit Bäckerstärke (oder Puderzucker) bestauben. Den weißen und rosa Fondant etwa 1 mm dick darauf ausrollen. Daraus mit einem scharfen Messer lange Hasenohren ausschneiden: Die weißen Ohren sollten etwa 8 cm lang und die rosafarbene Version etwa 1 cm kürzer und ein wenig schmäler sein.

Übrigen Fondant nach Farben getrennt wieder verkneten. Aus dem weißen Fondant Kugeln mit 1,5 cm Durchmesser formen und diese mit der Hand etwas flach drücken. Mit dem Messer am oberen Rand zwei Schlitze für die einzelnen Hasenzehen eindrücken. Für die Ballen mit dem rosa Fondant kleinere Kugeln formen, mit den Fingern flach drücken und mit etwas Wasser auf die weißen Pfötchen kleben.

Hasenohren und -pfötchen an der Luft trocknen lassen.

ERDBEEREIS

Die Erdbeeren waschen, putzen, vierteln und pürieren.

Die Sahne in einer Rührschüssel auf hoher Stufe steif schlagen. Anschließend bei niedriger Stufe die Kondensmilch und danach das Erdbeerpüree vorsichtig unterrühren.

Das Eis in die Auflaufform geben und über Nacht in das Gefrierfach stellen.

Am nächsten Tag das Eis mit einem Eisportionierer zu Kugeln formen und je in eine Eiswaffel geben. Fertiges Eis mit den Hasenohren und -pfötchen garnieren.

TIPPS & TRICKS

Das Eisrezept ohne die Erdbeeren ist die Basis für normales Sahneeis. Mit echter Vanille wird es z. B. zu Vanilleeis und mit Schokostücken zu Stracciatella-Eis.

Hasenohren-Haarreif

& -CAKE-TOPPER

Als Kind träumt man doch gerne mal davon, den Osterhasen zu treffen. Wenn das schon nicht möglich ist, dann spielt man ihn einfach selbst. Mit einem hübschen Haarreif alles kein Problem und der passende Cake-Topper ist auch gleich mitgemacht.

MATERIAL

Hasenohren-Haarreif und -Cake-Topper

1 Blatt Papier
Dicker Basteldraht
(1 m lang; 1–1,5 mm dick)
Schmaler Haarreif
Jutekordel (10 m)
Stoffblumen

SONSTIGES

Seitenschneider
Heißklebepistole
Schere

HAARREIF

Heißklebepistole anstecken und heiß werden lassen.

Hasenohren auf das Blatt Papier vorzeichnen. Diese einzeln mit Basteldraht nachformen und mit dem Seitenschneider kürzen.

Dann die Enden der Drahtohren jeweils am Haarreif mit einem Knoten befestigen und mit Heißkleber fixieren.

Ein etwa 1 m langes Stück Jutekordel abschneiden und an einem Ende des Haarreifs gut mit Heißkleber befestigen. An der Innenseite immer auf einem Stück von etwa 1 cm Heißklebepunkte setzen, die Jutekordel eng um den Haarreif wickeln und am Kleber vorsichtig andrücken. Wenn die Kordel aufgebraucht ist, ein weiteres Stück abschneiden, wieder mit Heißkleber fixieren und weiterwickeln. Schritt für Schritt den gesamten Haarreif, inklusive der Ohren, komplett umwickeln.

Stoffblumen abschneiden und in gewünschter Reihenfolge anordnen. Zuletzt Blume für Blume mit Heißkleber auf den Haarreif kleben.

CAKE-TOPPER

Heißklebepistole anstecken und heiß werden lassen.

Hasenohren auf das Blatt Papier vorzeichnen. Die Ohren wieder mit Basteldraht entlang der Skizze biegen.

Dieses Mal beide Ohren mit einem Stück Draht miteinander verbunden lassen. Am Anfang und Ende der Ohren jeweils etwa 20 cm Aufmaß nach unten stehen lassen und dieses dann zur Hälfte zurück nach oben biegen. Diese Enden dienen dazu, die Hasenohren später in einen Kuchen zu stecken.

Die Drahtohren wie beim Haarreif mit Heißkleber und Jutekordel umwickeln. Die beiden nach unten stehenden Enden aussparen.

TIPPS & TRICKS

Den Haarreif könnt ihr ohne die Ohren zur hübschen Flower Crown umgestalten.

Alternativ können die Hasenohren auch abgeändert werden: zu Katzenohren oder zum Einhorn.

Die Länge der Jutekordel variiert nach Länge der Ohren und Dicke des Haarreifs. Daher wird je nach Modell mehr oder weniger Kordel benötigt.

Kaltporzellan-Hasen

MIT BUNTEN POMPON-SCHWÄNZCHEN

Das Kaltporzellan, auch als Fake-Porzellan bekannt, ist eine selbst gemachte Modelliermasse, mit der man jede Art von Anhängern und Dekoration herstellen kann. Durch ihre bunten Pompon-Schwänzchen werden diese Hasen hier noch niedlicher!

MATERIAL

Kaltporzellan

½ Tasse Maisstärke plus etwas mehr nach Bedarf

1 Tasse Baking Soda (= Natron)

Pompons

Wolle, Farbe nach Wahl

SONSTIGES

Silikonmatte
Nudelholz
Ausstecher: Hase (8 cm groß)
Dünner Holzspieß
Gabel mit 4 Zinken
Schere
Dicke Nadel

KALTPORZELLAN

Die Materialien für das Kaltporzellan mit ½ Tasse Wasser in einen Topf geben und bei niedriger Temperatur erhitzen. Weiterrühren, bis die Masse Blasen schlägt und langsam fester wird. Bei einer Konsistenz in etwa von Kartoffelpüree vom Herd nehmen. Kaltporzellan aus dem Topf nehmen und auf einer Unterlage etwa 3–4 Minuten kneten (vorsichtig, kann heiß sein!). Mit etwas mehr Stärke kann die Konsistenz gegebenenfalls angepasst werden.

Die Masse auf der Silikonmatte 3–4 mm dick ausrollen. Mit der Form Hasen ausstechen und mit dem Holzspieß jeweils zwei Löcher nebeneinander auf Schwänzchenhöhe in die Hasen stechen. Falls die Hasen als Anhänger genutzt werden, ein weiteres Loch am Kopf zwischen die Ohren stechen.

Je nach Dicke der ausgestochenen Masse die Hasen 1–3 Tage an der Luft trocknen lassen.

POMPONS

Die Wolle dick (etwa 70-mal) um die vier Gabelzinken wickeln. Einen separaten Wollfaden abschneiden, zwischen den zwei mittleren Gabelzinken durchfädeln und damit alle Wollfäden fest abbinden. Vorsichtig von der Gabel abziehen und die so entstandenen Schlaufen auf beiden Seiten des Knotens mit der Schere vorsichtig aufschneiden. Pompon mit den Fingern zurechtzupfen und mit der Schere in Form bringen. Den Pompon nun mithilfe einer passenden Nadel und eines Wollfadens durch die Löcher am Hasen auf Schwänzchenhöhe befestigen.

TIPPS & TRICKS

Baking Soda, sprich Backnatron, befindet sich meist in der Abteilung für Putzmittel.

Alternativ das Kaltporzellan im Ofen bei 80 °C 2 Stunden trocknen. Dann allerdings nach 1 Stunde wenden. An der Luft wird die Farbe beim Trocknen jedoch schöner weiß.

Origami-Kirschblüten

AM AST

Kirschblüten sind für mich das Zeichen dafür, dass der Frühling endlich da ist. Gerade in asiatischen Ländern, wie Südkorea und Japan, wird die Kirschblütenzeit sehr groß gefeiert und man findet blühende Kirschbäume Anfang April überall im Land verteilt. Diese Origami-Kirschblüten hier passen perfekt in die Saison und bringen eine Extraportion Frühling ins Haus.

MATERIAL

Origami-Papier (15 cm x 15 cm), rosa, weiß, gelb
Verzweigter Ast
Vase

ANLEITUNG

Die Kirschblüte besteht aus drei verschiedenfarbigen Teilen. Außen rosa, mittig weiß und innen gelb. Alle drei Bestandteile werden exakt gleich gefaltet, lediglich die Größe und der Beschnitt sind unterschiedlich. Erstes Origami-Blatt vor sich legen.

1. Zuerst jeweils die gegenüberliegenden Ecken aufeinanderlegen und das Blatt knicken, um die Diagonalen zu erhalten. Danach öffnen und die je gegenüberliegenden Kanten auch aufeinanderlegen, wieder knicken und anschließend auffalten. Somit sind jetzt die Diagonalen und Hälften sichtbar.

2. Die dabei entstandenen acht optischen Dreiecke werden dann wiederum alle »halbiert«, wobei diese Knicke so gefaltet werden, dass sie nach oben ausgerichtet sind.

1.

2.

SONSTIGES

Kleine Schere
Sekundenkleber-Gel

3. Als Nächstes die gerade, in Schritt 2, erhaltenen Knicke nach oben, zur Mitte hin, zusammenfassen und falten, sodass die dabei entstehende Form einer Pfeilspitze ähnelt.

4. »Pfeilspitze« mit der Spitze nach unten vor sich legen und den oberen Teil auf etwa 2,5 cm Höhe mit der Schere herzförmig zuschneiden.

5. Für den weißen und gelben Teil Schritte 1–3 wiederholen. Als 4. Schritt beim weißen Papier den oberen Teil auf etwa 2 cm Höhe als Halbkreis abschneiden. Bei Gelb für den Blumenstempel auf 1,5 cm Höhe gerade abschneiden und dann vertikal, zur Spitze hin, mehrmals einschneiden. Die Höhen/Größen der Blüten können nach Wunsch variiert werden. Jedoch ist darauf zu achten, dass der weiße Teil kleiner als die rosa Blüte und der gelbe Blütenstempel wiederum etwas kürzer als der weiße Teil sein muss.

6. Alle drei Teile etwas auffächern und mit einem Tropfen Sekundenkleber ineinandersetzen.

Die Kirschblüten trocknen lassen. Anschließend die Blüten mit weiterem Sekundenkleber auf den Ast setzen und zuletzt in einer Vase drapieren.

3.

4.

5.

6.

TIPPS & TRICKS

Hübsche Äste gibt's in den meisten Deko-Läden. Allerdings wird man auch beim Spaziergang im Wald fündig und zudem kosten diese Äste nichts.

Je verzweigter der Ast, desto besser kommen die Blüten zur Geltung.

Tierische Marmeladengläser

ALS KLEINES OSTERNEST

Diese tierischen Marmeladengläser lassen nicht nur Kinderaugen an Ostern strahlen. Sie dienen auch super als kleines Osternest, aber genauso als hübsche Tischdekoration mit etwas Ostergras und kleinem Schokohasen.

MATERIAL

Saubere Marmeladengläser mit Schraubdeckel
Kleine Kunststofftiere nach Wahl (z. B. Hase, Lamm)
Sprühlacke, weiß, rosa, blau, gelb

SONSTIGES

Heißklebepistole
Leere Toilettenpapierrolle
Sekundenkleber
Zeitungspapier

ANLEITUNG

Für je ein Glas/einen Deckel: Als Stabilisierung beim Sprühen drei Punkte, als Sockel, Heißkleber auf die Stirnseite der Toilettenpapierrolle setzen und den Marmeladenglasdeckel aufkleben. Mit Sekundenkleber ein Kunststofftier nach Wahl auf den Deckel kleben und trocknen lassen.

Den Boden mit Zeitungspapier auslegen und den Deckel mit dem Tier auf der Toilettenpapierrolle daraufstellen.

Danach den Deckel mit mehreren dünnen Schichten weiß grundieren. Dann zwei bis drei Schichten farbigen Lack darübergeben, bis der gewünschte Deckungsgrad erreicht ist. Jede Schicht dünn aufsprühen und gut trocknen lassen, bevor die nächste daraufkommt, um unschöne Lacknasen zu vermeiden.

Den Deckel über Nacht trocknen lassen. Zuletzt die Toilettenpapierrolle vorsichtig ablösen und den tierischen Deckel auf das Marmeladenglas setzen.

TIPPS & TRICKS

Unterlack ist nicht zwingend ein Muss, aber die farbigen Lacke decken dann besser. Gerade bei einem Deckel mit farbigem Aufdruck.

Die Gläser lassen sich auch prima als Weihnachtsgeschenk umfunktionieren. Anstatt der Tiere einfach einen kleinen Weihnachtsbaum und statt Pastellfarben weihnachtliches Grün, Silber oder Gold verwenden.

Hugs & Kisses –

FLORALE TISCHDEKORATION MIT ECHTEN BLUMEN

Es gibt fast nichts Schöneres als frische Blumen auf dem Tisch. Umso hübscher, wenn sie als »XOXO«-Blumengrüße personalisiert sind. Die Buchstaben können nach Lust und Laune variiert werden: das Wort »MAMA« für Muttertag oder Initialen, z. B. »C&M«, für eine Hochzeitsdekoration.

MATERIAL

3-D-Pappbuchstaben (18 cm hoch)
Acrylfarbe Gold
Steckschwamm
Blumen nach Wahl
Cake-Topper (siehe »Hasenohren-Haarreif & -Cake-Topper«, Seite 31; optional)

SONSTIGES

Cutter-Messer
Pinsel
Frischhaltefolie
Durchsichtiges Klebeband

ANLEITUNG

Die 3-D-Pappbuchstaben auf den Tisch legen. Die Oberseite mit dem Cutter-Messer vorsichtig entfernen und den Inhalt herausnehmen.

Sämtliche Außenseiten der Buchstaben mit der Acrylfarbe bepinseln und 1 Stunde trocknen lassen. Die Innenseite mit Frischhaltefolie auslegen und mit etwas Klebeband befestigen. Den Steckschwamm zuschneiden, in die Pappbuchstaben legen und leicht wässern.

Blumenstiele auf etwa 3 cm kürzen und in den Steckschwamm stecken.

Optional für das Osterhasen-»O« mit einer Nagelschere oder dicken Nadel oben zwei kleine Löcher in den Buchstaben stechen. Hasenohren-Cake-Topper nach Anleitung von Seite 31 anfertigen und diesen in die Löcher stecken.

TIPPS & TRICKS

Je nach Sorte können Blumen auch schön getrocknet werden und die Buchstaben bleiben so länger erhalten. Oder einfach gleich Stoffblumen verwenden.

SOMMER

Baiser-Muscheln

FÜR MEERJUNGFRAUEN

Baisers sind supereinfache Leckereien, die richtig lange haltbar sind, und in der Form einer Muschel versüßen sie jeder Meerjungfrau den Sommer. Lecker für eine Candy-Bar, als kleines Mitbringsel oder einfach so.

BAISER-MASSE

4 Eiweiß
1 Prise Salz
400 g Puderzucker
Lebensmittelfarben Rosa, Blau, Grün, Lila

DEKORATION

Kleine Zuckerperlen (Streusel), weiß

BAISER-MASSE

Das Eiweiß mit dem Salz in eine saubere, fettfreie Schüssel geben. Die Mischung aufschlagen und sobald sie fester wird, nach und nach den Puderzucker unter Rühren einrieseln lassen. So lange weiterschlagen, bis die Masse steif wird, glänzt und nicht mehr in sich zusammenfällt. Dann die Masse auf mehrere Schalen aufteilen und jeweils mit den Lebensmittelfarben einfärben.

DEKORATION

Den Backofen auf 50 °C Ober-/Unterhitze vorheizen. Auf das Blatt Papier Muscheln skizzieren. Diese Skizzen auf ein Backblech und darauf ein Backpapier legen.

Spritztüllen in Spritzbeutel geben, jeweils passend die farbige Baiser-Masse in einen Spritzbeutel füllen und auf das Backpapier spritzen wie folgt:

Rosa Muscheln: Für die rosa Muscheln mit der runden Tülle sieben längliche Tropfen aneinanderspritzen. Zuerst mit dem mittleren beginnen und danach jeweils die drei äußeren dazusetzen. Alle Tropfen treffen sich mit der Spitze an einem Punkt. Zuletzt noch zwei Tupfen links und rechts neben die Spitzen setzen.

Blaue Seesterne: Beim blauen Seestern mit der gleichen Tülle in der Mitte beginnen und die einzelnen Arme mit Wellenbewegungen nach außen spritzen. Außen den Druck etwas nachlassen, um dünner zu werden. Zuckerperlen auf die Seesternarme aufbringen.

SONSTIGES

1 Blatt Papier
Spritztüllen (8-mm-Loch; feiner Stern mit vielen feinen Zacken und grober Stern mit wenigen und großen Zacken)
Spritzbeutel

Lila Muscheln: Für die lila Muscheln eine Spritztülle mit vielen feinen Zacken benutzen. Tülle nah über das Backpapier halten, die Baiser-Masse mit viel Druck spritzen und zuletzt mit wenig Druck nach unten wegziehen. So entsteht die Muschelform.

Grüne Algen: Für die grünen Algentupfer mit einer Tülle mit wenigen und großen Zacken arbeiten. Den Spritzbeutel nah und senkrecht zum Backpapier halten. Mit viel Druck die Masse kräftig auf das Blech spritzen, den Druck stoppen und die Spritztülle nach oben wegziehen.

Das Papier mit den Skizzen entfernen (wichtig!) und die Baiser-Muscheln im vorgeheizten Ofen 3–4 Stunden trocknen, bis sie sich einfach vom Backpapier lösen lassen. Zuletzt den Ofen abschalten und die Muscheln darin abkühlen lassen.

TIPPS & TRICKS

Übergebliebene Baiser-Masse als verschiedene Tupfen auf das Backpapier spritzen.

Baisers dürfen nur trocknen, nicht backen, sonst verfärben sie sich gelblich. Am besten einen Holzkochlöffel in die Backofentüre klemmen, falls möglich.

Durch längeres Stehen, Wärme oder zu flüssige Farben tendiert die Baiser-Masse dazu, flüssiger zu werden. Gegebenenfalls noch mal kurz aufschlagen.

Leckeres Bananenbrot –

PERFEKT ZUM FRÜHSTÜCK

Wer kennt sie nicht: die braunen, überreifen Bananen, die keiner mehr essen will. Die perfekte Verarbeitung dafür ist ein Bananenbrot. Alternativ mit Beeren oder Schokolade aufgepeppt und einfach immer wieder lecker.

TEIG

4 überreife Bananen
1 Ei
110 g brauner Rohrzucker
1 Pck. Vanillezucker
4 EL geschmacks- neutrales Öl
300 g Mehl
1 Pck. Backpulver

SONSTIGES

Kastenform (30 cm x 10 cm)
Backpapier

TEIG

Den Backofen auf 180 °C Ober-/Unterhitze vorheizen. Backform mit Backpapier auslegen.

Drei Bananen mit einer Gabel in einer Schüssel zerdrücken. Mit einem Rührgerät die Bananen mit dem Ei, Rohr- und Vanillezucker verquirlen. Nach und nach Öl, Mehl und Backpulver hinzufügen. Alles zu einem homogenen Teig vermengen und in die Kastenform füllen.

Die letzte Banane der Länge nach halbieren und oben auf den Teig legen.

Das Bananenbrot im vorgeheizten Ofen etwa 35 Minuten backen.

TIPPS & TRICKS

Je reifer und brauner die Bananen, desto geschmackvoller wird das Bananenbrot.

Für Variationen können z. B. Schokoladendrops, Blaubeeren oder Nüsse in den Teig gemischt werden.

Bananenbrot schmeckt am besten, wenn es nicht zu trocken gebacken ist. Also lieber 10 Minuten vor Backende mit der Stäbchenprobe testen, ob es schon fertig gebacken ist.

Mit etwas Marmelade oder Schokoladencreme bestrichen ist Bananenbrot eine großartige Alternative zum normalen Frühstücksbrot.

Herzwaffel-Eis

FÜR DEN SOMMER

Ein Eis darf im Sommer nicht fehlen. Das gehört einfach dazu, allerdings endet das meistens in einer großen Kleckerei. Da bietet sich die Version aus Herzwaffeln einfach perfekt an.

HERZWAFFELN

2 Eier
50 g Zucker
½ Pck. Vanillezucker
60 g Butter, zimmerwarm
½ TL Backpulver
½ Prise Salz
125 g Mehl
100 ml Milch

DEKORATION

Candy Melts oder Schokolade, versch. Farben
Streusel-Mix

SONSTIGES

Herzwaffeleisen
Fett für das Waffeleisen

HERZWAFFELN

Eier, Zucker und Vanillezucker in einer Rührschüssel schaumig aufschlagen. Danach die Butter unterrühren. Zuletzt Backpulver, Salz, Mehl und Milch untermengen.

Das Waffeleisen einschalten und zu Anfang einmal leicht einfetten. Alle Waffeln im Eisen backen, bis sie goldbraun sind. Je nach Waffeleisen dauert das jeweils etwa 2 Minuten. Anschließend die Waffeln abkühlen lassen.

DEKORATION

Die abgekühlten Waffelherzen mit einem Messer längs halbieren. Candy Melts (oder Schokolade) nach Farben sortiert über dem Wasserbad schmelzen und jeweils den oberen, runden Teil der halben Herzwaffeln darin eintauchen. Zuletzt die Waffeln auf Backpapier legen und mit Streuseln verzieren.

TIPPS & TRICKS

Eis farblich an die verschiedenen Eissorten der Lieblings-Eisdiele anpassen: Orange für Pfirsich-, Gelb für Zitronen- und Blau für Schlumpfeis.

Zum Färben für Schokolade ausschließlich fettlösliche Lebensmittelfarben verwenden. Die Schokolade wird sonst unbrauchbar.

Fruchtige Macarons

IN OBSTFORM

Macarons sind die kleinen perfekten Baiser-Gebäcke aus Frankreich. Meist kennt man sie in wunderschönen Pastellfarben und sie schmecken einfach himmlisch. In diesem Rezept dürfen sie als Melonen, Zitronen und Ananas agieren.

DEKORATION

Fondant und Royal Icing

Fondant, grün
Royal Icing (die halbe Menge von dem Rezept »Osterhasen-Kekse aus Zitronen-Mürbeteig«, Seite 15)
Puderzucker (oder Bäckerstärke)

16 MACARONS

(32 Schalen)

125 g blanchierte, fein gemahlene Mandeln
210 g Puderzucker
100 g Eiweiß (von ca. 3 Eiern)
28 g Zucker

DEKORATION FONDANT

1–3 Tage vorher den grünen Fondant mit etwas Puderzucker (oder Bäckerstärke) auf 1 mm ausrollen. Etwa 16 Ananasblätter davon ausschneiden und an der Luft trocknen lassen. Den Stiel der Blätter dabei unten etwas länger lassen, sodass sie später gut in den Macarons halten.

16 MACARONS

Den Backofen auf 80 °C Umluft vorheizen. Mit dem Bleistift 32 Kreise mit 4 cm Durchmesser auf Backpapier zeichnen, anschließend das Papier umdrehen und auf ein Backblech legen.

Die gemahlenen Mandeln mit dem Puderzucker vermengen und in eine Schüssel sieben. Größere Stücke im Sieb aussortieren.

Das Eiweiß in einer fettfreien Schüssel aufschlagen. Wenn es anfängt, schaumig zu werden, unter weiterem Rühren den Zucker einrieseln lassen und aufschlagen, bis die Masse schnittfest ist. Zuletzt die Mandel-Puderzucker-Mischung kurz unter die Masse heben.

Den Teig in drei Schüsseln aufteilen: Die Hälfte des Teigs vorsichtig in Gelb einfärben. Den Rest des Teigs noch mal teilen und jeweils in Pink und Grün einfärben.

Die gelbe Masse in den Spritzbeutel mit 8-mm-Lochtülle geben und in der Größe der vorgezeichneten Ringe auf das Backpapier spritzen. Anschließend genauso mit Pink und Grün vorgehen.

Das Backblech dann ein paarmal kräftig flach auf die Arbeitsfläche klopfen, sodass eventuelle Luftblasen aufsteigen. Diese dann mit einem Zahnstocher öffnen. Die Macarons im vorgeheizten Ofen 20 Minuten trocknen. Dann die Temperatur auf 130 °C Umluft erhöhen und die Macarons weitere 20–25 Minuten backen. Wenn sie sich leicht vom Backpapier lösen lassen, aus dem Ofen nehmen und abkühlen lassen.

FÜLLUNG

200 g Butter, zimmerwarm
200 g gezuckerte Kondensmilch, zimmerwarm
Je ca. 150 g Ananas, Melone, Zitrone

SONSTIGES

Bleistift
Lebensmittelfarben (Gel oder Pulver) Gelb, Pink, Grün, Schwarz, Rosa
Spritzbeutel
Spritztüllen (8-mm- und 1-mm-Loch)
Zahnstocher

DEKORATION ROYAL ICING

Die halbe Menge des Royal Icings nach Rezept von Seite 15 vorbereiten und auf drei Schüsseln aufteilen. Einen Teil des Icings weiß lassen, die anderen beiden Teile jeweils in Gelb und Schwarz einfärben. Royal Icing jeder Farbe in je einen Spritzbeutel mit 1-mm-Lochtülle geben und die Hälfte der Macaron-Schalen oben damit verzieren. Auf gelben Schalen für Ananas-Macarons ein gelbes Rautenmuster und für Zitronen-Macarons ein weißes Zitronenmuster, auf pinken Schalen für Melonen-Macarons schwarze Melonenkerne aufbringen. Die Verzierungen ein paar Stunden trocknen lassen.

FÜLLUNG

Für eine Milchmädchen-Buttercreme die Butter 5 Minuten schaumig schlagen. Anschließend langsam unter Weiterrühren die Kondensmilch zugeben. Die Hälfte der Buttercreme abnehmen und grün einfärben. Den Rest halbieren, den einen Teil weiß lassen, den anderen rosa einfärben.

Das Obst schälen bzw. das Fruchtfleisch herauslösen, gegebenenfalls entkernen und jeweils getrennt pürieren. 2 EL Ananaspüree in die grüne Buttercreme, 1 EL Zitronenpüree in die weiße und 1 EL Melonenpüree in die rosa Buttercreme geben.

Auf die unteren Schalen der Macarons jeweils einen Buttercreme-Ring (zur Obstsorte passend) aufspritzen und die Mitte des Ringes mit Obstpüree auffüllen. Bei der Ananas kommen darauf noch zwei Fondant-Ananasblätter, etwas untereinander versetzt. Dann die oberen, vorher mit Royal Icing verzierten Schalen aufsetzen. Zuletzt die Macarons kalt stellen und etwa 30 Minuten vor dem Servieren aus dem Kühlschrank nehmen.

TIPPS & TRICKS

Macarons sind auch als die Diven aller Gebäcke bekannt. Also falls sie euch zu sehr ärgern, hier mein ultimativer Tipp: fertige Macaron-Schalen kaufen und diese füllen und verzieren.

Es gibt spezielle Backunterlagen für Macarons, auf denen die Kreise schon vorgeprägt sind.

Alternativ zum grünen Fondant für die Ananasblätter weißen Fondant einfach grün einfärben.

Statt 20 Minuten im vorgeheizten Backofen bei 80 °C können die Macarons auch 40 Minuten an der Luft trocknen.

Sommerkekse

AUS ORANGEN-MÜRBETEIG, DIE GUTE LAUNE MACHEN

Wer sagt denn, dass Plätzchen nur für Weihnachten gedacht sind? Kekse aus Mürbeteig mit Orangengeschmack und sommerlichen Motiven sind einfach super für den Sommer.

MÜRBETEIG

(für ca. 40 Kekse)

1 Ei
1 Eigelb
300 g Mehl plus etwas mehr zum Arbeiten
200 g weiche Butter
100 g Zucker
1 Pck. Vanillezucker
Abrieb von ½ unbehandelten Orange
1 Prise Salz

DEKORATION

Royal Icing (siehe »Osterhasen-Kekse aus Zitronen-Mürbeteig«, Seite 15)
Lebensmittelfarben (Gel) Grün, Rosa, Pink, Schwarz, Gelb, Braun
Längliche Zuckerstreusel

MÜRBETEIG

Den Backofen auf 180 °C Ober-/Unterhitze vorheizen und Backpapier auf ein Backblech legen.

Alle Zutaten für den Teig mit dem Knethaken in einer Rührschüssel vermengen. Gegebenenfalls zuletzt mit der Hand noch mal nachkneten. Den Mürbeteig für mindestens 30 Minuten in den Kühlschrank stellen.

Anschließend den Teig auf der bemehlten Arbeitsfläche etwa 3 mm dick ausrollen. Die Motive daraus ausstechen, auf das Backblech legen und die Kekse im vorgeheizten Ofen etwa 8–10 Minuten golden backen.

DEKORATION

Royal Icing nach Rezept von Seite 15 zubereiten. Das fertige Icing in mehrere Schalen aufteilen. Mit den verschiedenen Lebensmittelfarben einfärben, dabei einen Teil weiß lassen.

Royal Icing je nach Farbe in die Spritzbeutel mit Spritztülle aufteilen und die fertig gebackenen Kekse damit verzieren wie folgt:

Kaktus: Den Kaktuskeks grün oder rosa ausfüllen und sofort die länglichen Streusel vorsichtig als Dornen auflegen.

Melone: Beim Melonenkeks von außen nach innen arbeiten. Zuerst die grüne Schale, dann einen schmalen weißen Streifen und anschließend das Pink auftragen. Dazwischen müssen die einzelnen Farben immer gut trocknen. Lediglich bei den schwarzen Kernen muss das Pink noch flüssig sein. Schnell schwarze Punkte setzen und mit einem Zahnstocher von der Mitte der Punkte aus kleine Tropfenformen ziehen.

SONSTIGES

Ausstecher: Eis, Ananas, Flamingo, Kaktus, Halbkreis
Spritzbeutel
Mehrere Spritztüllen (1-mm-Loch)

Eis, Ananas, Flamingo: Auch hier wieder Farbe für Farbe vorangehen und zwischendurch gut trocknen lassen. Für den 3-D-Effekt dann in einer zweiten Schicht Flamingoflügel und das Muster auf die Eiswaffel und die Ananas auftragen. Die Streusel am Eis jedoch wieder auf das noch flüssige Royal Icing auftragen.

TIPPS & TRICKS

Lebensmittelfarben sparsam dosieren, da diese schnell intensiv werden. So kann man mit einer Farbe z. B. verschiedene Pink- oder Grünschattierungen erstellen.

Es reicht auch eine Spritztülle, aber dann muss jedes Mal die farbige Masse ausgetauscht werden. Da man pro Kekssorte mehrere Farben benötigt, fällt mit mehreren Spritztüllen das Verzieren leichter.

Haarschmuck

AUS SOMMERLICHEN PATCHES

Im Sommer darf alles etwas farbiger und fröhlicher sein, auch der Haarschmuck. Mit Motiven wie Flamingos, Eis und Kakteen wird jede Frisur zum Hingucker.

MATERIAL

(farblich aufeinander abgestimmt)

Patches (ca. 2 cm groß), sommerliche Motive
Dünner Filz
Alligator-Haarklammern (1 cm breit), Metall
Ripsbänder (1 cm und 5 mm breit), versch. Farben
Klassische Haarklammern, Metall
Haargummis

SONSTIGES

Heißklebepistole
(Nagel-)Schere

ANLEITUNG

Für mehr Stabilität Patches mit Heißkleber auf den farblich passenden Filz kleben und mit der (Nagel-)Schere ausschneiden.

ALLIGATOR-HAARKLAMMERN (Z. B. KIRSCHE, KAKTUS, MELONE)

Für die Alligator-Haarklammern ein 1-cm-Ripsband verwenden. Heißkleber auf die Oberseite der Klammer geben und Band aufbringen. Das Band auf beiden Seiten mit 1 cm Zugabe abschneiden, jeweils um beide Enden der Haarklammer knicken und mit Heißkleber befestigen. Das vorbereitete Patch mittig auf die Klammer kleben.

KLASSISCHE HAARKLAMMER, METALL

Das 5-mm-Ripsband mit Heißkleber am Teil der Klammer befestigen, worauf zuletzt das Patch aufgebracht wird. Mit dem Band den oberen Teil der Klammer umwickeln und immer wieder dazwischen Klebepunkte setzen, sodass das Band nicht verrutscht. Mit dem Band enden, wo auch begonnen wurde, und gut festkleben. Das vorher vorbereitete Patch so auf die Klammer setzen, dass Anfang und Ende des Bands verdeckt sind.

HAARGUMMI

Ein aufbereitetes Patch nach Wahl, farblich passend, mit Heißkleber auf den Metallverschluss des Haargummis kleben und gut trocknen lassen. Falls kein Metallverschluss vorhanden, das Patch auf eine beliebige Stelle kleben. Aus dem gleichfarbigen Filz ein kleines, rechteckiges Stück mit einer Breite von 4 mm ausschneiden (das Filzstück darf nicht länger als das Patch sein). Den Filz auf die Rückseite des Patches über den Haargummi legen und von hinten festkleben. So hält er besser am Gummi und geht nicht so schnell ab.

TIPPS & TRICKS

Farblich sind der Fantasie keine Grenzen gesetzt. Wenn aber Filz, Haargummi, Patch und Band farblich zueinanderpassen, harmoniert es optisch besser.

Der Haarschmuck kann auch an andere Jahreszeiten angepasst werden. Im Winter z. B. Patches mit Weihnachtsbaum, Geschenk oder Sternmotiven verwenden.

Hängende Eiswaffel-Vasen

AUS LUFTHÄRTENDEM TON

Wie ihr schon bemerkt habt, ist Eis ein beliebtes Motiv für den Sommer. Bei diesen hängenden Eiswaffel-Vasen dürfen hübsche Blumen das Eis sein. Je buschiger und runder die Blüten, desto schöner wirken die Vasen.

MATERIAL

Dünner, biegsamer Karton
Lufttrocknender Ton, weiß
Acrylfarbe Beige
Steckschwamm
Ripsband (8 mm), Farbe nach Wahl
Blumen

SONSTIGES

Schere
Klebeband
Nudelholz
Langer Holzstab
Spitzes Messer
Pinsel
Gefrierbeutel

ANLEITUNG

Für die Stabilisierung des Tons auf den Karton zwei Halbkreise mit einem Durchmesser von 21 cm aufzeichnen und ausschneiden. Einen Halbkreis zu einem Zylinder formen und mit Klebeband befestigen, den anderen als Vorlage für den Ton verwenden.

Vom Ton ein Stück abschneiden und auf etwa 2 mm Dicke und mindestens 25 cm Durchmesser ausrollen. Mit dem Holzstab vorsichtig ein Rautenmuster mit einem Raster von 5 mm Abstand in den Ton drücken. Mit dem Messer und der Vorlage einen Halbkreis ausschneiden und die beiden Ecken großzügig abrunden. Diesen ausgeschnittenen Ton dann wie eine Eiswaffel um den Pappzylinder legen und leicht andrücken. Mithilfe des Holzstabs seitlich je zwei Schlitze mit 10 mm Länge in die Tonwaffel drücken für die spätere Befestigung des Bandes. Waffelvase nach Ton-Packungsanleitung 3–5 Tage trocknen lassen.

Anschließend die getrocknete Waffelvase mit der beigen Acrylfarbe bemalen und trocknen lassen. Eine große Ecke des Gefrierbeutels abschneiden und in die Vase geben. Den Steckschwamm zylinderförmig zuschneiden, in den Gefrierbeutel legen und leicht wässern. Das Ripsband durch die Schlitze fädeln und die Blumen in den Schwamm stecken.

TIPPS & TRICKS

Statt weißem Ton geht auch brauner. Allerdings ist weißer Ton einfacher zu bemalen und man erhält schönere Schattierungen, die der einer echten Eiswaffel sehr nahekommen.

Muschel-Ringschale

AUS KALTPORZELLAN

Muscheln haben immer etwas Mysteriöses an sich. Sie erinnern an den Sommer, Strandurlaub und Meerjungfrauen. Als kleine Schalen dienen sie, um Ringe und andere Schätze abzulegen.

MATERIAL

Kaltporzellan
½ Tasse Maisstärke
1 Tasse Baking Soda (Natron)

DEKORATION

Große Jakobsmuschel
Anlegemilch für Blattgold
Blattgold

SONSTIGES

Nudelholz
Spitzes Messer
Klarsichtfolie
Große Schale
2 feine Pinsel

KALTPORZELLAN

Die Materialien für das Kaltporzellan mit ½ Tasse Wasser in einen Topf geben und rühren, bis sich die Stärke und das Soda auflösen. Alles bei niedriger Temperatur rühren, bis es zu blubbern beginnt. Weiterrühren, bis die Konsistenz einem Kartoffelpüree ähnelt, und dann den Topf vom Herd nehmen. Das Kaltporzellan aus dem Topf nehmen und kneten (Achtung, kann heiß sein!).

DEKORATION

Das Porzellan auf einer schnittfesten Unterlage 3 mm dick ausrollen, die Muschel darauflegen und mit dem Messer die Form ausschneiden. Die ausgeschnittene Form auf die Außenseite der Muschel legen und gut andrücken, sodass sich die Struktur auf dem Kaltporzellan abdrückt.

Klarsichtfolie locker über die große Schale spannen. Die ausgeschnittene Muschel, mit der Struktur nach oben zeigend, auf die Klarsichtfolie legen. Die Folie mit der Muschel soll leicht durchhängen, um eine gewölbte Form zu erhalten. Muschelschale so 3 Tage trocknen lassen.

Anschließend die Muschelschale an den gewünschten Stellen mit der Anlegemilch einpinseln und dann mit dem anderen trockenen Pinsel das Blattgold auftragen. Zuletzt überschüssiges Material abstreifen und die Schale nochmals trocknen lassen.

TIPPS & TRICKS

Die Ringschale kann auch einfach rund oder in der Form einer Hand ausgeschnitten werden. Mit eingestempelten Initialen ist sie außerdem wunderschön als Ringschale für eine Hochzeit.

Duftende Muschelkerzen

AUS URLAUBSMITBRINGSELN

Jedes Mal, wenn ich am Strand bin, kann ich nicht widerstehen und muss einfach Muscheln sammeln. Besonders haben es mir die großen Exemplare angetan. Als Kerzen mit Duftöl wie hier verwandeln sie sich in wunderschöne Urlaubserinnerungen mit tollem Nebeneffekt: Das Citronella-Öl hält die Mücken fern und einem lauen Sommerabend auf der Terrasse steht nichts mehr im Weg.

MATERIAL

Muscheln
Kerzendochte
Kerzenreste oder Wachsgranulat
Wachsmalstifte zum Einfärben (optional)
Citronella-Öl

SONSTIGES

Saubere Gläser oder andere Gefäße (höher als die Muscheln)
Holzstäbe
Klebeband
Scharfes Messer
Kleines Blechgefäß für Wasserbad

ANLEITUNG

Zuerst die Vorrichtung für die Dochte bauen. Muscheln zwischen den umgedrehten Gläsern (oder anderen Gefäßen) platzieren und Holzstäbe jeweils mit Klebeband auf den Gläsern fixieren. Muscheln mittig unter die Holzstäbe setzen. Kerzendocht in der Muschel mittig ausrichten und mit Klebeband am Holzstab befestigen.

Mit dem Messer möglichen restlichen Docht von den Kerzenresten lösen. Das Kerzenwachs (oder Wachsgranulat) in das Blechgefäß für das Wasserbad geben und bei niedriger Temperatur schmelzen und, falls gewünscht, mit Wachsmalstiften einfärben. Ein paar Tropfen Citronella-Öl hinzufügen und das Wachs vorsichtig in die Muscheln füllen. Das Wachs abkühlen lassen und zuletzt den Kerzendocht auf 1 cm kürzen.

TIPPS & TRICKS

Nicht nur Citronella-Öl hilft als Abwehr gegen Mücken. Es können je nach Vorliebe z. B. auch Öle aus Minze, Eukalyptus, Thymian, Basilikum, Rosmarin oder Lavendel verwendet werden.

Die Glas-Holzstab-Konstruktion hilft, den Docht mittig und aufrecht zu halten, und vereinfacht das Arbeiten.

Pompon-Eisgirlande

FÜR EINEN SOMMERLICHEN WANDBEHANG

So ein Pompon-Eis sieht nicht nur zuckersüß aus, sondern lässt sich auch vielfältig einsetzen: auf ein Band aufgefädelt als Girlande, in der Spielküche oder am Tisch als Platzdekoration auf der Sommerparty.

MATERIAL

Pompons
Karton
Wolle, Farbe nach Wahl

Eiswaffel
Grober Jutestoff, braun

SONSTIGES

Schere
Heißkleber

POMPONS

Aus dem Karton ein 5 cm x 5 cm großes Stück ausschneiden. Die Wolle etwa 80- bis 100-mal um den Karton wickeln und anschließend vorsichtig vom Karton ziehen und vor sich legen. Diese gewickelte Wolle dann mit einem weiteren Stück Wolle auf halber Höhe mit einem Doppelknoten abbinden, sodass eine Art Taille entsteht. Die dabei entstehenden Schlaufen ober- und unterhalb des Knotens mit einer Schere auseinanderschneiden. Die Wollfäden mit den Fingern etwas zurechtzupfen und mit der Schere überstehende Fäden kürzen.

Für kleinere Pompons das Ganze mit einem kleineren Stück Karton wiederholen. Mit der Schere lässt sich die Größe der Pompons leicht anpassen.

EISWAFFEL

Die Heißklebepistole einschalten.

Aus dem braunen Jutestoff Halbkreise mit einem Durchmesser von 15 cm ausschneiden. Anschließend diese zu einer Waffelform (Zylinder) einrollen und festkleben. Die weite obere Öffnung sollte etwas kleiner als der Durchmesser des Pompons sein.

Heißkleber an der oberen Innenseite der Eiswaffel auftragen und den Pompon dort fest andrücken. Falls eine zweite Eiskugel oder eine Kirsche erwünscht sind, weitere Pompons mit unterschiedlichen Größen binden und auf der Waffel aufeinanderkleben.

TIPPS & TRICKS

Falls erwünscht, mehrere Eiswaffeln mithilfe einer dicken Nadel auf ein dünnes Band auffädeln und als Girlande verwenden.

Falls nur ein dünner Jutestoff verfügbar ist, diesen am besten doppelt legen.

Je öfter die Wolle umwickelt wird, umso voller und fluffiger wird der Pompon.

HERBST

Mürbeteig-Tarte
MIT APFELROSEN

Mürbeteig ist ein sehr dankbarer und vielseitiger Teig – das ganze Jahr über für verschiedene Kekse, aber auch als Boden für Quiche (dann ohne Zucker) oder Tarte. In diesem Rezept dient er als Basis für eine hübsche Apfelrosen-Tarte.

MÜRBETEIG
1 Ei
1 Eigelb
300 g Mehl plus etwas mehr zum Arbeiten
200 g weiche Butter
100 g Zucker
½ Pck. Vanillezucker
½ EL Zimtpulver
1 Prise Salz

FÜLLUNG UND DEKORATION
250 g Quark
1 Pck. Vanillezucker
50 g gemahlene Mandeln
6 große Äpfel
1 Zitrone

MÜRBETEIG
Den Backofen auf 180 °C Ober-/Unterhitze vorheizen, den Boden der Tarte-Form mit Backpapier auslegen und auf dem Herd Wasser in einem Topf erhitzen.

Alle Zutaten für den Mürbeteig zunächst in einer Küchenmaschine oder mit einem Rührgerät und zuletzt mit den Händen zu einem homogenen Teig vermengen. Diesen 30 Minuten kalt stellen.

Anschließend den Teig auf der bemehlten Arbeitsfläche 3 mm dick ausrollen. Die Tarte-Form mit dem Teig auskleiden, Überschüssiges mit einem scharfen Messer abschneiden und den Teigrand leicht andrücken. Den Tarte-Boden im vorgeheizten Ofen 8–10 Minuten backen. Dann herausnehmen und den Ofen weiterhin auf 180 °C Ober-/Unterhitze lassen.

FÜLLUNG
Für die Füllung den Quark mit Vanillezucker und gemahlenen Mandeln vermengen. Die Masse auf dem abgekühlten Tarte-Boden verteilen.

DEKORATION
Für die Apfelrosen die Äpfel waschen, entkernen, halbieren und mit einem Gemüsehobel oder scharfen Messer in 1 mm dicke Halbmond-Scheiben schneiden. Die Zitrone auspressen und den Saft mit den Apfelscheiben für etwa 5 Minuten in das vorbereitete heiße Wasser geben.

Danach die Halbmond-Apfelscheiben herausnehmen und kurz abkühlen lassen. Sieben davon etwas überlappend nebeneinander von links nach rechts angeordnet (mit der flachen Seite nach unten) legen. Dann von links her zu einer Rose einrollen und diese auf die Quarkfüllung setzen. So fortfahren, bis die ganze Tarte-Form mit Rosen gefüllt ist.

Zuletzt die Tarte im Backofen in 10–15 Minuten fertig backen.

SONSTIGES

Tarte-Form (ø 24 cm)

TIPPS & TRICKS

Je röter die Äpfel, desto schöner kommen die Rosen durch die Schale zur Geltung.

Anstatt vieler einzelner Rosen kann auch eine einzelne große Rose gelegt werden: Äpfel wie oben beschrieben vorbereiten. Halbmonde am Rand der Tarte beginnend im Kreis legen und sich so Reihe für Reihe zur Mitte hin vorarbeiten.

Rosa Halloween-Schokolade

MIT BRUSH-STROKE-GEISTERN

Kinder verkleidet als Mumien, Geister und andere schreckliche Gestalten ziehen an Halloween von Haus zu Haus und drohen mit »Trick or Treat«. Da sollten Süßigkeiten und Leckereien bereitliegen. Die rosafarbene Schokolade hier ist schnell gemacht und lässt sich einfach portionieren. Hübsch verpackt freut sich jedes Halloween-Monster über dieses gruselig-schöne Geschenk.

BRUSH-STROKE-GEISTER

Weiße Schokolade oder Candy Melts
Zuckeraugen

SCHOKOLADE

Rosa Ruby-Schokolade oder Candy Melts
Halloween-Streuselmix

BRUSH-STROKE-GEISTER

Backpapier bereitlegen und etwas weiße Schokolade (oder Candy Melts) in der Mikrowelle oder über dem Wasserbad schmelzen. Die Schokolade etwas abkühlen lassen, damit sie nicht zu flüssig ist. Mit einem Kaffeelöffel kleine Schokoladentupfen mit etwa 2 cm Durchmesser auf das Backpapier setzen und mit dem Löffel oder einem Backpinsel von der Mitte der Tupfen aus nach unten wischen, um die typische Brush-Stroke-Form zu erhalten. Auf die Schokoladen-Pinselstriche je zwei Zuckeraugen setzen und die Geister abkühlen lassen.

SCHOKOLADE

Für die Schokolade ein weiteres Backpapier zurechtlegen. Die rosa Schokolade (oder Candy Melts) bei niedriger Temperatur schmelzen, auf das Backpapier geben und gleichmäßig dick verstreichen.

Die Geister vorsichtig auf die Schokolade setzen und mit dem Halloween-Streuselmix verzieren. Die Schokolade abkühlen lassen. Anschließend in größere Stücke brechen und in kleine hübsche Klarsichttüten, Kartonboxen oder Schraubgläser verpacken.

TIPPS & TRICKS

Streuselmixe gibt es passend zu den Jahreszeiten oft im Backfachhandel. Eine Alternative ist, die Mischung selbst zusammenzustellen: Streusel in verschiedenen Farben und Formen kaufen, in einer Schüssel mischen, und fertig ist der Mix.

Schokolade immer langsam und bei niedriger Temperatur schmelzen, um keine unschönen Flecken beim Trocknen zu erhalten. Außerdem unbedingt Wasser in der Schokolade vermeiden, sonst stockt sie und wird unbrauchbar.

Lustige Baiser-Monster

MIT ZUCKERAUGEN

Monster müssen nicht immer groß, fürchterlich und angsteinflößend sein. Diese kleinen farbenfrohen Gemüter sind süß, versprühen gute Laune an Halloween und schmecken lecker. Außerdem lassen sie sich super als Kuchendekoration verwenden.

BAISER-MASSE

4 Eiweiß
1 Prise Salz
400 g Puderzucker oder feiner Backzucker
Lebensmittelfarben (Gel) Rosa, Grün, Blau, Lila

DEKORATION

Zuckeraugen
Weiße Schokolade (optional)
Deko-Streusel, weiß, rosa (optional)

SONSTIGES

Spritztüllen (8-mm-Loch; feiner und grober Stern)
Spritzbeutel

BAISER-MASSE

Backpapier auf zwei Backbleche legen und den Backofen auf 50 °C Ober-/Unterhitze vorheizen. Spritztüllen in die Spritzbeutel geben.

Das Eiweiß mit dem Salz in einer Rührschüssel mit einem Rührgerät aufschlagen. Langsam beginnen und sobald das Eiweiß anfängt, fester zu werden, auf höchster Stufe weiterschlagen. Währenddessen den Puderzucker (oder feinen Backzucker) nach und nach mit einem Esslöffel hinzugeben und weiterschlagen, bis die Baiser-Masse Stand hat und glänzt. Das kann bis zu 10 Minuten dauern.

Anschließend die Baiser-Masse auf vier Schüsseln aufteilen, mit den Lebensmittelfarben einfärben und in die vorbereiteten Spritzbeutel füllen.

DEKORATION

Für die Monster nach Belieben jeweils große und kleinere Tupfen der farbigen Baiser-Massen auf das Backblech setzen. Jeweils mit den Zuckeraugen bestücken.

Die Baiser-Monster im vorgeheizten Ofen 3 Stunden trocknen lassen. Dann den Ofen ausschalten und die Baisers bei geschlossener Ofentüre abkühlen lassen. Sie sind fertig, wenn sie sich leicht vom Backpapier lösen lassen.

Die abgekühlten Monster entweder so lassen oder die Schokolade schmelzen und die Monster mit der unteren Seite kurz in die Schokolade und dann sofort in die Streusel tauchen.

TIPPS & TRICKS

Während des Trockenvorgangs die Türe des Backofens, wenn möglich, ein Stück offen stehen lassen. So trocknen die Baiers noch besser, da die Feuchtigkeit entweichen kann.

Red-Velvet-Halloween-Torte –

SCHAURIG-SCHÖN IN PASTELL

Die Red-Velvet-Torte ist mit ihrer knallroten Farbe farblich perfekt für Halloween. Bei diesem Rezept versteckt sich der blutrote Teig allerdings unter einem pastellfarbenen Frischkäse-Frosting. Etwas Gruselstimmung kommt dank der vielen Zuckeraugen trotzdem schon vor dem Anschneiden auf. Und wie perfekt passen denn die Baiser-Monster dazu?!

TEIG

4 Eier
450 g Zucker
1,5 Pck. Vanillezucker
420 ml Buttermilch
450 ml geschmacksneutrales Speiseöl
510 g Mehl
1,5 EL Kakaopulver
1,5 TL Natron
3 TL Backpulver
Lebensmittelfarbe Rot

FROSTING

350 g Butter, zimmerwarm
350 g gesiebter Puderzucker, zimmerwarm
350 g Frischkäse, zimmerwarm
Lebensmittelfarben Rosa, Lila, Türkis, zimmerwarm

TEIG

Den Backofen auf 180 °C Ober-/Unterhitze vorheizen. Die Backformen mit Backpapier auskleiden.

Die Eier mit Zucker und Vanillezucker schaumig rühren. In einer separaten Schüssel Buttermilch und Öl zu einer homogenen Masse vermischen. Mehl, Kakao, Natron und Backpulver in einer weiteren Rührschüssel vermengen. Die Buttermilch-Öl-Masse und die Mehlmischung nach und nach zur Eiermasse geben und unterrühren. Zuletzt die Lebensmittelfarbe nach gewünschter Farbintensivität hinzugeben.

Den roten Teig auf die drei Backformen verteilen und im vorgeheizten Ofen 40 Minuten backen. Mit der Stäbchenprobe vorab testen, ob der Kuchen durch ist, er sollte nicht zu trocken werden.

FROSTING

Die Butter mindestens 5 Minuten schaumig schlagen. Dann den Puderzucker unter Rühren nach und nach hinzugeben. Zuletzt den Frischkäse kurz unterheben.

Das Frischkäse-Frosting auf drei Schüsseln aufteilen und einfärben wie folgt: die Hälfte der Menge in Rosa, den Rest in Lila und Türkis aufteilen und einfärben.

DEKORATION

Zuckeraugen
Baiser-Geister (siehe »Lustige Baiser-Monster mit Zuckeraugen«, Seite 81; optional)

SONSTIGES

3 Backformen (ø 17 cm)
Winkelpalette
Große Teigkarte
Drehteller oder Tortenplatte
Spritzbeutel (optional)

DEKORATION

Die Kuchen je einmal quer mit einem Brotmesser durchschneiden und eventuelle sich beim Backen gebildete Kuppeln abschneiden. Die so entstandenen sechs Tortenböden mit rosa Frischkäse-Frosting bestreichen und auf einem Drehteller (oder einer Tortenplatte) stapeln.

Die fertig gestapelte Torte mithilfe der Winkelpalette einmal dünn mit rosafarbenem Frosting einstreichen und das Frosting rumdum mit der Teigkarte glatt ziehen. Die Torte 20 Minuten im Kühlschrank kalt stellen.

Anschließend mit der Winkelpalette das restliche Frosting in allen Farben fleckig rundherum auf die Torte auftragen und mithilfe der Teigkarte in einer fließenden Bewegung rumdum wieder glatt ziehen. Dadurch verschwimmen die Farben und es ergibt den großartigen Effekt.

Als Dekoration die Zuckeraugen anbringen. Auf der Torte oben entweder mit dem restlichen Frosting mithilfe eines Spritzbeutels Tupfen setzen. Oder die Baiser-Geister nach Rezept von Seite 81 backen und auf die Torte setzen. Sie sieht aber auch ohne weitere Deko super aus.

TIPPS & TRICKS

Drei Backformen beschleunigen das Backen. Wenn nur eine Form vorhanden ist, einfach die drei Kuchen nacheinander backen.

Lebensmittelfarben verblassen tendenziell eher beim Backen. Daher nicht daran sparen. Den Kakao dagegen etwas sparsamer verwenden, da der Teig sonst eher braun als rot wird. Richtig dosiert hilft das Braun aber, das Rot zu intensivieren.

Je länger die Butter geschlagen wird, desto weißer wird sie. Ist sie zu gelbstichig, entweder zuerst weiße Lebensmittelfarbe unterrühren oder mit einem kleinen Tropfen lila Farbe das Gelb neutralisieren und danach mit den gewünschten Farben einfärben.

Totenkopf-Kekse

MIT FLOWER CROWN AUS FONDANT

Bei Totenköpfen an Halloween denkt man eher an gruselige Gestalten mit rotem Blut. Aber nicht bei diesen Keksen hier. Die Totenköpfe werden mit einer hübschen Flower Crown aus Fondant-Blüten versehen und erhalten so einen romantischen Touch.

KEKSE

(für ca. 30 Kekse)

1 Ei
1 Eigelb
100 g Zucker
1 Prise Salz
1 Pck. Vanillezucker
200 g weiche Butter
300 g Mehl plus etwas mehr zum Arbeiten

ROYAL ICING

Royal Icing (siehe »Osterhasen-Kekse aus Zitronen-Mürbeteig«, Seite 15)
Lebensmittelfarbe Rosa

FLOWER CROWN

Bäckerstärke oder Puderzucker
Fondant, grün, rosa, lila, pink oder weiß mit Lebensmittelfarben eingefärbt

SONSTIGES

Ausstecher: Totenkopf (9 cm)
Spritzbeutel
2 Spritztüllen (2-mm-Loch)
Ausstecher (mit Auswerfer): Blumen, Blatt

KEKSE

Den Backofen auf 180 °C Ober-/Unterhitze aufheizen. Backpapier auf ein Backblech legen.

Für den Mürbeteig Ei, Eigelb, Zucker, Salz und Vanillezucker mit der Butter verquirlen. Das Mehl hinzugeben und alles mit einem Knethaken zu einem Teig verrühren. Zuletzt den Teig mit den Händen fest verkneten und für 30 Minuten in den Kühlschrank geben.

Anschließend den Teig auf der bemehlten Arbeitsfläche etwa 3 mm dick ausrollen und daraus Totenköpfe ausstechen. Diese auf das Backpapier legen und im vorgeheizten Ofen 8–10 Minuten gelbgold backen.

ROYAL ICING

Spritzbeutel mit Spritztüllen vorbereiten.

Royal Icing nach Rezept von Seite 15 zubereiten. Einen kleinen Teil rosa einfärben und den Rest weiß lassen. Zuerst die rosa Masse in den Spritzbeutel mit Spritztülle geben und auf die Kekse Augen und Nase spritzen. Die rosa Masse gut trocknen lassen. Anschließend mit dem weißen Royal Icing fortfahren. Zuerst den Schädelknochen nachzeichnen und ausfüllen. Kurz antrocknen lassen und zuletzt mit der weißen Masse die Zähne hinzufügen.

FLOWER CROWN

Die Arbeitsfläche mit Bäckerstärke (oder Puderzucker) bestauben. Farbigen Fondant (oder weißen Fondant mit Lebensmittelfarbe einfärben) etwa 1–2 mm dick ausrollen. Mit den Ausstechern daraus Blumen und Blätter ausstechen und diese zuletzt mit ein paar Tupfen Royal Icing auf die Totenkopf-Kekse kleben.

TIPPS & TRICKS

Vor dem Befestigen der Flower Crown die Blüten erst mal zur Probe auf die Totenköpfe legen.

Blüten am besten schon am Vortag vorbereiten.

Mumien und Geister

FÜR HALLOWEEN ALS TEELICHT

Geister und Gespenster mit leuchtenden Augen können ja schnell Furcht einflößend wirken. Nicht aber diese süßen Gestalten hier. Elektrische Teelichter bringen sie zum Strahlen und Leuchten.

MATERIAL

Mumie und Geister

- Lufthärtender Ton, reinweiß
- Sauberes Marmeladenglas
- Selbstklebende Wackelaugen
- Elektrische Teelichter

SONSTIGES

- Scharfes Messer
- Bastelkleber
- Leere Toilettenpapierrolle
- 1 Ei
- Strohhalm
- Nudelholz
- Schere

MUMIE

Lufthärtenden Ton auf 1 mm Dicke ausrollen und mit dem Messer in 2,5 cm dicke Streifen schneiden. Diese wie einen Mumienverband um das Marmeladenglas legen und leicht andrücken. Für besseren Halt sollten sich die Tonstreifen etwas überschneiden. Einige Stellen frei lassen, damit man das Kerzenlicht später sehen kann. Den Ton auf dem Glas 2–5 Tage (je nach Packungsanleitung) trocknen lassen.

Anschließend die Wackelaugen auf den Ton aufkleben. Zum Schluss ein Teelicht in das Glas setzen.

GEISTER

Als Stabilisierung zum Trocknen die Toilettenpapierrolle auf 5 cm Höhe kürzen und das Ei daraufsetzen.

Für je einen Geist: Den Ton wieder auf etwa 1 mm ausrollen und daraus eine Spiegelei-Form mit etwa 25 cm Durchmesser ausschneiden. Vorsichtig den Ton, wie eine Tischdecke, über die vorher gebaute Papierrollenkonstruktion legen und die Position der Augen für den Geist markieren. Dann den Ton wieder abnehmen, auf die Arbeitsfläche legen, die Form gegebenenfalls anpassen und mit Messer und Strohhalm die Augen und den Mund für den Geist ausschneiden. Zuletzt den Ton wieder über die Konstruktion legen und gut positionieren. Den Tongeist, nach Packungsanleitung, mehrere Tage trocknen lassen.

Zuletzt den Geist über ein elektrisches Teelicht stellen.

TIPPS & TRICKS

Die Gesichter der Geister können variieren von schaurig-schön bis heiter-fröhlich.

Am hübschesten scheint das Licht durch, wenn der Geist nicht komplett rundherum am Boden aufliegt.

Herbstlicher Türkranz

AUS FILZBLÄTTERN

Türkränze aus Filz sind eine wunderbare Alternative zu Kränzen aus Naturmaterialien. Vorteil von Filz: Die Blätter verdorren nicht und der Kranz bleibt das ganze Jahr über schön.

MATERIAL

Dünner Filz (DIN-A4-groß), je hellbraun, ocker, rosa, weiß
Dünner Basteldraht (ø 0,3 mm), gold
Stickrahmen (ø 20 cm)
Ripsband (1 cm breit)

SONSTIGES

Schere
Kleiner Seitenschneider

ANLEITUNG

Mit der Schere aus den Filzplatten viele spitze Ovale (4,5 cm lang, 3 cm breit) ausschneiden. Den goldenen Draht mit dem Seitenschneider in genauso viele 10 cm lange Stücke schneiden.

Jeweils ein Filzblatt nehmen und an einer Ecke etwas zusammendrücken. Ein Drahtstück nehmen und ein Ende davon mehrmals fest um diese Ecke wickeln. Weiter so vorgehen, bis alle Blätter so vorbereitet sind.

Den Stickrahmen auseinandernehmen und die einzelnen Blätter mit dem anderen Ende des Drahtes um den inneren Rahmen wickeln und verknoten. Den Rahmen etwa zu ¾ mit den Blättern bestücken. Abstehende Drahtenden abzwicken und den äußeren Rahmen vorsichtig um den inneren Teil mit den Blättern legen und festdrehen.

Zuletzt das Ripsband am Kranz festknoten für die Befestigung an der Tür oder Wand.

TIPPS & TRICKS

In anderer Farbzusammenstellung kann der Kranz einfach für die anderen Jahreszeiten umgestaltet werden.

Für einen etwas natürlicheren Look dürfen die Blätter auch gerne in der Größe variieren.

Am einfachsten lassen sich die Blätter mit einer gebogenen Nagelschere ausschneiden.

Wer mag, kann den Kranz auch komplett rundherum mit Blättern bestücken und nicht nur zu ¾.

Bunte Fledermäuse

FÜR HALLOWEEN

Fledermäuse jagen einem tendenziell eher etwas Angst ein, aber nicht mit diesen Freunden hier. In Schwarz und pastelligen Farben sind sie ein kleiner Hingucker als Anhänger, Girlande oder einfache Tischdekoration an Halloween.

MATERIAL

Holzkugeln (ø 3 cm), mit Loch
Acrylfarben Schwarz, Rosa, Lila, Weiß
Dünne Filzplatten zum Basteln, schwarz, rosa, lila, weiß
Wackelaugen (0,5 cm)

SONSTIGES

Dünnes Gummiband
Lange Holzspieße
Pinsel
Bleistift
Schere
Sekundenkleber-Gel

ANLEITUNG

Für je eine Fledermaus: Gummiband etwa mittig um einen Holzspieß wickeln und eine Holzkugel daraufsetzen. Mit dem Pinsel die Acrylfarbe in mehreren Schichten auf die Holzkugel auftragen und zwischendurch immer wieder trocknen lassen. Getrocknete Kugeln vom Holzstab abnehmen.

Mit dem Bleistift etwa 6 cm lange Fledermausflügel und kleine Ohren auf dem, jeweils farblich passenden, Filz vorzeichnen und ausschneiden. Flügel auf beiden Seiten der angemalten Holzkugel mit etwas Sekundenkleber in die Kugellöcher kleben. Dann auf die Kugel zwei Wackelaugen und darüber die Ohren aufkleben.

Zuletzt Zähne aus dem weißen Filz zurechtschneiden und auch diese mit Sekundenkleber – unterhalb der Augen – festkleben.

TIPPS & TRICKS

Die Form der Flügel muss an den Innenseiten (wo sie festgeklebt werden) schmal genug zulaufen, sodass sie in die Löcher passen. Am besten vorab testen und gegebenenfalls noch mal anpassen.

Wenn ihr die Fledermäuse durch das Perlenloch auf ein dünnes Band auffädelt, könnt ihr eine Fledermaus-Girlande basteln oder die Fledermäuse einzeln aufhängen.

Die Farben können nach Wunsch farblich an die eigene Dekoration zu Hause angepasst werden. In Naturfarben sehen die Fledermäuse übrigens auch richtig süß aus.

Bunter Wandbehang

MIT QUASTENGEISTERN UND POMPONS FÜR HALLOWEEN

Quasten und Pompons sind eine großartige Dekoration für das ganze Jahr. Besonders hübsch sind sie als kleine nette Geister mit süßen Wackelaugen. In Kombination mit Pompons machen sie sich richtig gut als Wandbehang.

MATERIAL

Quastengeister, Pompons, Wandbehang

- Pappkarton
- Wolle, lila, blau, rosa, ocker, weinrot, weiß, beige
- Selbstklebende Wackelaugen
- Satinbänder
- Birkenast (45 cm lang)

QUASTENGEISTER

Aus der Pappe ein Rechteck mit 13 cm Seitenlänge zuschneiden. Wolle der Länge nach etwa 70-mal um den Karton wickeln.

Einen separaten Wollfaden einfädeln und die umwickelten Fäden an einer Seite fest zusammenknoten. Das wird die Oberseite des Kopfes. Mit der Schere die Fäden an der gegenüberliegenden Seite aufschneiden und vorsichtig den Karton entfernen.

Ein weiteres Stück Wolle abschneiden und etwa 4 cm unterhalb der abgebundenen Seite die Fäden fest abbinden, sodass der Kopf entsteht. Für den Hals den Rest des Fadens mehrmals fest um die Stelle binden. Restliche Wollfäden auf eine Länge kürzen und selbstklebende Wackelaugen aufbringen (oder mit Sekundenkleber-Gel befestigen). Nach Lust und Laune noch Schleifen aus Satinband an Hals oder Kopf anbringen.

POMPONS

Für die Pompons je nach gewünschter Größe eine Gabel mit entsprechender Zinkenbreite wählen.

Wolle etwa auf mittlerer Höhe der Gabelzinken etwa 70-mal um die Gabel wickeln. Einen weiteren Wollfaden abschneiden und die umwickelten Fäden zwischen den mittleren beiden Zinken mit einem Doppelknoten abbinden.

Das Fadenbündel von der Gabel abziehen und mit der Schere alle Schlaufen durchschneiden. Dann den Pompon mit den Fingern auffächern und mit der Schere in Form bringen.

Gewünschte Anzahl an Pompons mithilfe von unterschiedlich großen Gabeln und verschiedenfarbiger Wolle herstellen und bereitlegen.

SONSTIGES

Schere
Sekundenkleber-Gel (optional)
Große Serviergabeln (2 oder 4 Zinken)
Essgabel
Dicke Nadel mit großem Nadelöhr

WANDBEHANG

Pompons und Quastengeister zuerst optisch anordnen und zurechtlegen. Wollfaden mit etwa 70–100 cm Länge (Farbe nach Wahl) durch das Nadelöhr einer dicken Nadel auffädeln. Das Fadenende am Kopf eines Geistes festknoten und danach mit der Nadel Pompons in verschiedenen Größen und Farben auffädeln.

Nadel abnehmen und die aufgefädelten Geister und Pompons auf gewünschter Höhe an den Birkenast anbringen. Restliche Wolle eng aneinander um den Birkenast wickeln und das Ende auf der Rückseite verknoten. Weitere Quastengeister und Pompons ebenso auffädeln und befestigen.

Zuletzt für die Aufhängung wieder Wolle zuschneiden, flechten und an beiden Seiten des Birkenastes befestigen.

TIPPS & TRICKS

Anstatt für den Birkenast Geld auszugeben, einfach in der Natur Ausschau halten. Dort findet sich mit Sicherheit das passende Stück.

Wer keine große Serviergabel für die Pompons hat, kann die Wolle auch um die Finger oder ein Stück Pappe wickeln.

Je größer die Gabel, desto öfter die Wolle darumwickeln, um einen flauschigen Pompon zu erhalten.

Am schönsten sieht der Wandbehang aus, wenn sich die Geister auf unterschiedlichen Höhen befinden.

Eichelanhänger

AUS TON UND NATURMATERIALIEN

Kinder lieben es, in der Natur Materialien zu sammeln. Im Herbst bieten sich neben Tannenzapfen vor allem Eicheln wunderbar als Herbstdekoration an.

MATERIAL

Eichelhüte mit Stiel
Lufttrocknender Ton, weiß
Dünnes Deko-Band

SONSTIGES

Heißkleber
Sekundenkleber
Schere

ANLEITUNG

Eine Unterlage (z. B. Brotzeitbrett oder Backpapier) und Eichelhüte bereitlegen.

Vom Ton Stück für Stück kleine Teile abtrennen, kneten und mit den Fingern in eine Eichelform bringen. Die Größe anhand der Eichelhüte kontrollieren und gegebenenfalls etwas Ton abnehmen oder hinzugeben. Fertig modellierte Toneicheln auf die vorbereitete Unterlage legen und über Nacht (oder nach Packungsanleitung) trocknen lassen. Dabei am besten die Toneicheln zum Trocknen neben den passenden Eichelhut stellen. So lassen sie sich später einfacher zuordnen.

Nach dem Trocknen jeweils ein wenig Heißkleber auf die Innenseite des Eichelhutes geben und auf die passende Toneichel setzen.

Zum Aufhängen etwas Deko-Band an den Stiel des Hutes knoten. Den Knoten mit einem Tupfen Sekundenkleber fixieren. Das Band oben mit einem Knoten schließen und nach Belieben aufhängen.

TIPPS & TRICKS

Die Toneicheln an der Stelle, die im Eichelhut verschwindet, leicht flach drücken. So lassen sie sich besser zum Trocknen aufstellen und bekommen keine unschöne Flachstelle an einer sichtbaren Stelle.

Die Eicheln bieten sich auch wunderbar als Weihnachtsbaum-Dekoration oder Geschenkanhänger an.

Wenn an manchen Eicheln die Stiele abbrechen oder das Band nicht hält, einfach in eine Schale legen – so dienen sie trotzdem noch als hübsche Dekoration.

WINTER

hygge

Brownie- & Blondie-Tannen

AM STIEL

Vielleicht kennt ihr den folgenden Spruch: »Every Blondie needs a Brownie.« Passend dazu habt ihr hier zwei Rezepte in einem. Eines für Brownies und eines für Blondies. Wobei Blondies die Vanilleversion der schokoladenen Variante sind. Aus beiden werden leckere Kuchentannen am Stiel, passend zum Winter und der Weihnachtsfeier.

BROWNIES

350 g Zartbitter-schokolade
200 g Butter
4 Eier
1 Pck. Vanillezucker
150 g Zucker
300 g Mehl
1 TL Backpulver
1 Prise Salz
2 EL Kakaopulver

BLONDIES

350 g weiße Schokolade
200 g Butter
4 Eier
1 Pck. Vanillezucker
150 g Zucker
300 g Mehl
1 TL Backpulver
1 Prise Salz

BROWNIES

Den Backofen auf 175 °C Ober-/Unterhitze vorheizen und die Backform mit Backpapier auskleiden.

Die Schokolade mit einem Messer zerkleinern bzw. -hacken. 250 g der Schokolade zusammen mit der Butter in einem Topf schmelzen. In einer Rührschüssel die Eier mit Vanillezucker und Zucker schaumig schlagen. Die Butter-Schokolade-Masse untermischen. Danach Mehl, Backpulver, Salz und Kakaopulver vermengen und nach und nach unterrühren. Zuletzt die übrige Schokolade unterheben.

Den Teig in die ausgekleidete Backform geben und die Brownies im vorgeheizten Ofen 20 Minuten backen. Mit der Stäbchenprobe prüfen, ob der Teig nicht zu trocken wird, Brownies sollen tendenziell eher saftig sein. Die fertig gebackenen Brownies abkühlen lassen.

BLONDIES

Für die Blondies das Kakaopulver weglassen und ansonsten genauso vorgehen wie bei den Brownies beschrieben.

DEKORATION

Royal Icing (siehe »Osterhasen-Kekse aus Zitronen-Mürbeteig«, Seite 15)
Lebensmittelfarbe Grün
Zuckerstreusel nach Wahl

SONSTIGES

Brownie-Backform (ca. 25 cm x 30 cm)
Holz-Eisstiele
Spritzbeutel
2 Spritztüllen (2-mm-Loch)

DEKORATION

Aus den Brownies und Blondies mit einem scharfen Messer Bäume zuschneiden. Eisstiele mit einer Schere halbieren und als Baumstamm unten in die Bäume stecken.

Royal Icing nach Rezept von Seite 15 zubereiten. Etwa ¼ davon weiß lassen und den Rest grün einfärben. Icing jeweils in einen Spritzbeutel mit Spritztülle füllen. Die Kuchentannen mit dem grünen Icing ausfüllen und trocknen lassen. Anschließend die weißen Verzierungen aufbringen. Dann sofort die Zuckerstreusel aufbringen.

TIPPS & TRICKS

Statt Schokolade können auch Kuvertüre oder normale Schokodrops verwendet werden.

Falls die Tannen aufbewahrt werden sollen, muss das Royal Icing vorher komplett trocken sein.

Essbare Tannenzapfen

AUS SCHOKOLADEN-CORNFLAKES

Jedes Kind liebt es, bei Spaziergängen Tannenzapfen zu sammeln. Schätze, die sich zum Basteln, als Dekoration oder zum Spielen anbieten. Mit Schokoladen-Cornflakes können Tannenzapfen supereinfach »nachgebaut« werden und bieten sich dazu noch wunderbar als Nachspeise und essbare Tischdekoration im Herbst oder an Weihnachten an.

TEIG

¼ Brownie-Zutatenmenge (siehe »Brownie- & Blondie-Tannen am Stiel«, Seite 103)
5–6 EL Schokoladencreme
3 Tassen Schokoladen-Cornflakes

SONSTIGES

Puderzucker

TEIG

¼ des Brownie-Rezepts von Seite 103 zubereiten. Abgekühlte Brownies mit der Hand zerbröseln und mit der Schokoladencreme zu einer Art Teig vermengen.

Mit einem Esslöffel den Teig in mehrere Kugeln aufteilen. Jeweils daraus mit der Hand kleine Kegel mit je etwa 5 cm Höhe und Breite formen und diese jeweils auf ein kleines Stück Backpapier setzen.

Cornflakes in eine Schüssel geben und nach und nach in die Teigkegel stecken. Oben mit drei Flakes beginnen und diese eng aneinander um die Spitze stecken. Dann sich mit weiteren Cornflakes Reihe für Reihe nach unten vorarbeiten und dabei darauf achten, dass sie nah aneinanderstehen: Je voller, desto schöner wird der Tannenzapfen.

Tannenzapfen in den Kühlschrank geben, kurz vor dem Servieren herausnehmen und mit Puderzucker bestauben.

TIPPS & TRICKS

Am einfachsten ist es, wenn die Cornflakes vorab vorsortiert werden: Etwas flachere Flakes eignen sich am besten für das Rezept.

Statt des Brownie-Teigs kann auch jeder andere dunkle, trockene Kuchenteig verwendet werden, der vielleicht gerade zur Verfügung steht.

Für Eilige: Statt Kuchenteig mit Schokoladencreme kann auch Marzipan mit Kakaopulver vermengt und zum Kegel für die Basis geformt werden.

Gebrannte Mandeln

WIE VOM WEIHNACHTSMARKT

Gebrannte Mandeln sind für uns auf dem Weihnachtsmarkt immer ein Muss. Ohne gehen wir definitiv nicht nach Hause. Falls ihr es aber mal nicht zum Markt schafft, könnt ihr die Mandeln auch einfach zu Hause zubereiten. Sie sind leichter gemacht als gedacht und ihr könnt nach Belieben im Geschmack variieren.

ZUTATEN

200 g Zucker
1 Pck. Vanillezucker
1 TL Zimtpulver
200 g Mandeln mit Haut

ZUBEREITUNG

Zucker, Vanillezucker und Zimt mit 100 ml Wasser in eine große beschichtete Pfanne geben und unter ständigem Rühren bei mittlerer Temperatur aufkochen. Sobald sich der Zucker aufgelöst hat, die Mandeln hinzugeben. Wenn die Masse sprudelnde Blasen wirft, das Wasser unter mehrmaligem Rühren verdampfen lassen.

Wenn die Masse zu stocken beginnt und der Zucker kristallisiert, muss aufgepasst und weitergerührt werden. Sobald der jetzt »sandige« Zucker wieder beginnt zu schmelzen, klebt er sich an die Mandeln. Ständiges Rühren ist nun wichtig, sodass der Zucker sich rundherum an die Mandeln legt.

Fertige Mandeln auf Backpapier geben und mit zwei Gabeln voneinander trennen. Abkühlen lassen und anschließend zum Aufbewahren in ein Einmachglas geben.

TIPPS & TRICKS

Der Zucker darf nach dem Kristallisieren nicht noch mal komplett schmelzen, da die Masse sonst zu Sirup wird und nicht die typische Optik entsteht.

Wichtig ist, dass die Temperatur von Anfang an nicht zu hoch ist, da das Wasser-Zucker-Gemisch sonst nur ein dicker Sirup wird und das Wasser nicht verdampft. Also lieber mit etwas weniger Temperatur erhitzen.

Wer gerne etwas variiert, kann die Hälfte des Wassers durch Schokoladen- oder Vanillelikör ersetzen. Auch mit Kokoslikör und Kokosflocken erhalten die Mandeln eine ganz spezielle Note.

Einfacher Letter Cake

IN TANNENFORM

Der klassische Letter Cake (aus dem Englischen, auf Deutsch: »Buchstaben-Kuchen«) besteht meist aus Buchstaben oder Zahlen. Dabei werden zwei Böden mit Creme übereinandergestapelt und dann mit Buttercreme, Streuseln und weiterer essbarer Dekoration wild verziert. Für den Winter habe ich die Form hier in eine Tanne umgewandelt und weihnachtlich dekoriert.

BLÄTTERTEIG-TANNE

1 Rolle TK-Blätterteig

BUTTERCREME

200 g weiche Butter
200 g gezuckerte Kondensmilch
Lebensmittelfarbe Grün

FÜLLUNG UND DEKORATION

1 Pck. Vanille-Puddingpulver
Milch, Menge nach Pudding-Packungsanleitung
Rote-Frucht-Marmelade nach Wahl
Bunte Zuckerstreusel

BLÄTTERTEIG-TANNE

Den Backofen auf 200 °C Ober-/Unterhitze vorheizen und Backpapier auf ein Backblech geben. Den Blätterteig 30 Minuten vor der Zubereitung aus dem Gefrierfach nehmen.

Den Blätterteig auf der Arbeitsfläche ausrollen und daraus zwei Tannen in der gleichen Größe ausschneiden. Beide Tannen nebeneinander auf das mit Backpapier belegte Blech legen und im vorgeheizten Ofen 8 Minuten backen. Dann die Tannen mit einem weiteren Blatt Backpapier bedecken und mit einem zweiten Backblech beschweren, sodass der Blätterteig nicht zu hoch aufgeht. Die Tannen nochmals 4 Minuten backen. Anschließend aus dem Ofen nehmen und gut abkühlen lassen.

BUTTERCREME

Die Butter mindestens 5 Minuten schaumig schlagen. Danach langsam unter Rühren die Kondensmilch zugeben. Die Masse grün einfärben und in den Spritzbeutel mit der Spritztülle füllen.

FÜLLUNG UND DEKORATION

Das Puddingpulver mit der Milch nach Packungsanleitung zubereiten. Anschließend den Pudding abkühlen lassen.

Eine Tanne zunächst mit einer dünnen Schicht Fruchtmarmelade einstreichen. Danach den Vanillepudding daraufgeben. Dann mit der Buttercreme darauf gleichmäßig Tupfen verteilen.

Darauf die zweite Tanne legen und wieder grüne Buttercreme-Tupfen spritzen. Zuletzt die Tanne mit Zuckerstreuseln verzieren.

Den Kuchen im Kühlschrank aufbewahren und etwa 1 Stunde vor dem Servieren herausnehmen.

SONSTIGES

Spritzbeutel
Spritztülle (5-mm-Loch)

TIPPS & TRICKS

Statt einer Tanne sieht eine Form als Stern auch großartig aus. Oder für Valentinstag z. B. in ein Herz umwandeln.

Die Deko kann entweder so simpel bleiben oder gerne überladen sein, etwa mit Schokolade, Macarons und Blumen.

Das Ausschneiden geht einfacher, wenn die Form der Tanne vorher auf einem DIN-A4-Blatt vorgezeichnet und diese dann als Schablone verwendet wird.

Statt der Buttercreme könnt ihr auch das Frischkäse-Frosting (siehe »Karottenkuchen mit Gänseblümchen und Hasenohren«, Seite 19) nehmen.

Statt Puddingpulver kann auf fertigen Pudding aus dem Becher oder Glas zurückgegriffen werden.

Winterwunderland

AUS SCHOKOLADEN-MÜRBETEIG

Mürbeteige sind klassisch meistens hell und mit Vanillegeschmack. Diese Winterwunderland-Kekse bestechen allerdings durch ihren schokoladigen Geschmack und die eher simpel gehaltene Dekoration. Was sie aber nicht weniger lecker und hübsch macht.

MÜRBETEIG

(für ca. 40 Kekse)
1 Ei
1 Eigelb
200 g weiche Butter
100 g Zucker
1 Pck. Vanillezucker
1 Prise Salz
300 g Mehl plus etwas mehr zum Arbeiten
30 g Kakaopulver

DEKORATION

Royal Icing (siehe »Osterhasen-Kekse aus Zitronen-Mürbeteig«, Seite 15)

SONSTIGES

Ausstecher: Reh, Stern, Tanne
Spritzbeutel
Spritztülle (1-mm-Loch)

MÜRBETEIG

Den Backofen auf 180 °C Ober-/Unterhitze vorheizen und Backpapier auf ein Backblech geben.

Ei, Eigelb, Butter, Zucker, Vanillezucker und Salz schaumig verquirlen. Anschließend nach und nach Mehl und Kakaopulver mit einem Knethaken untermischen. Zuletzt den Teig noch per Hand nachkneten und für mindestens 30 Minuten in den Kühlschrank geben.

Dann den Teig auf der bemehlten Arbeitsfläche etwa 3 mm dick ausrollen. Daraus Figuren ausstechen und mit etwas Abstand auf das vorbereitete Backblech legen. Die Kekse im vorgeheizten Ofen 10 Minuten backen und anschließend abkühlen lassen.

DEKORATION

Royal Icing nach Rezept von Seite 15 zubereiten und in den Spritzbeutel mit Spritztülle geben. Die Kekse nach Lust und Laune damit verzieren: entweder nur die Umrandung, komplett ausfüllen oder winterliche Muster auftragen.

TIPPS & TRICKS

Statt Royal Icing kann auch ein einfacher Zuckerguss verwendet werden. Dafür Puderzucker mit etwas Zitronensaft zu einer etwas dickeren Masse vermengen und diese dann ebenso mit dem Spritzbeutel auftragen. Beim Royal Icing hält allerdings im Gegensatz zum Zuckerguss die Farbe schöner und verblasst nicht.

Stern-Geschenkanhänger

AUS WOLLE UND PAPPE

Weihnachtsgeschenke verpacken und verschenken macht mir am meisten Freude an Weihnachten. Ich finde es besonders schön, sie mit personalisierten oder selbst gemachten Anhängern zu verzieren. Diese können danach sogar noch zum Baumanhänger umfunktioniert werden. Und man braucht nicht mal viel Material dafür.

MATERIAL

Pappe
Wolle, versch. Farben
Holzperlen (ø 5 mm), mit Loch

SONSTIGES

Bleistift
Schere
Heißklebepistole
Dicke Nadel nach Bedarf

ANLEITUNG

Mit dem Bleistift auf der Pappe die Form eines Sternes mit etwa 6 cm Höhe vorzeichnen und mit der Schere ausschneiden. Von der Wolle 10 cm abschneiden, eine Schlaufe legen und diese mit der Heißklebepistole auf der Rückseite des Sternes oben befestigen. Vier weitere Wollfäden abschneiden und (für die Holzperle später) unten am Stern festkleben.

Dann wird der Stern umwickelt: Eine andersfarbige Wolle mit einem Klecks Heißkleber an eine der Spitzen kleben und gut andrucken. Nach und nach Heißkleber auf den Pappstern geben und danach mit der Wolle umwickeln. Da der Heißkleber schnell trocknet, dabei nur Stück für Stück vorgehen und die Wolle immer wieder fest an den Kleber andrücken. Um eventuelle Lücken zu verdecken, den Stern noch ein zweites Mal mit der Wolle umwickeln. Genauso vorgehen wie bei der ersten Schicht Wolle und immer wieder mit Heißkleber befestigen.

Zuletzt die Holzperle auf die unteren Wollfäden auffädeln (eventuell eine dicke Nadel zu Hilfe nehmen). Einen Knoten unterhalb der Perle binden und die Wollfäden kürzen.

TIPPS & TRICKS

Neben dem Stern können alle anderen erdenklichen weihnachtlichen Motive verwendet werden. Keksausstecher eignen sich dabei übrigens perfekt als Vorlagen für die Anhänger.

Pastellfarben (so wie hier) sind nicht die klassischen Weihnachtsfarben und daher etwas Besonderes. Aber natürlich können die Anhänger auch in Rot und Grün gehalten werden, passend zur typischen Xmas-Dekoration.

Kerzenbrett

MIT DIY-DIP-DYE-KERZEN

Kerzen sind einfach perfekt, um eine gemütliche Stimmung zu kreieren. Klassische Farben wären eher Rot und Grün, allerdings darf es an Weihnachten auch mal knallig sein, oder? Übrigens auch eine wunderbare Idee als Adventskalender: 24 Kerzen auf einem länglichen, rechteckigen Brett anbringen und Tag für Tag eine Kerze mehr anzünden. Wenn alle Kerzen brennen, ist Weihnachten.

MATERIAL

Kerzen
Wachsreste oder Wachspastillen, weiß
Wachsmalstifte
14 Stabkerzen (ø 18 mm; in 2 Längen)

Kerzenbrett
Holzscheibe (ø ca. 30 cm; 3 cm dick)

SONSTIGES

Saubere, schmale, hohe Einmachgläser
Scharfes Messer
Holzstäbe zum Rühren
Bleistift
Standbohrmaschine und Bohrer (20 mm)

KERZEN

Den Backofen auf 150 °C vorheizen und Einmachgläser auf einem Backblech bereitstellen.

Weiße Wachsreste mit dem Messer klein schneiden und diese (oder Wachspastillen) auf die Gläser verteilen. Wachsmalstifte auch zerkleinern und hinzugeben, dabei je nach gewünschter Farbintensität etwa ⅔ eines Wachsmalstifts verwenden. Je mehr Wachs im Glas, desto höher können später die Kerzen eingetaucht werden.

Das Wachs in den Gläsern im vorgeheizten Ofen schmelzen lassen. Anschließend die Gläser vorsichtig aus dem Ofen nehmen, das Wachs mit Holzstäben umrühren und die Kerzen kurz in das Wachs eintauchen. Wenn die Farbe zu wenig intensiv ist, entweder nach kurzem Trocknen nochmals tauchen oder etwas mehr vom Wachsmalstift zur Schmelzmasse hinzugeben. Am schönsten wirken die Kerzen, wenn sie von beiden Seiten in unterschiedliche Farben getaucht werden.

KERZENBRETT

Auf der Holzscheibe die Position der Kerzen mit dem Bleistift markieren und dort Löcher mit etwa 15 mm Tiefe bohren. Zuletzt etwas geschmolzenes Wachs in die Löcher tropfen lassen, die Kerzen einstecken und andrücken.

TIPPS & TRICKS

Wer zu Hause keine Möglichkeit hat, die Löcher zu bohren: einfach beim Schreiner des Vertrauens nachfragen.

Für die richtige Größe der Löcher den Durchmesser der Kerzen nach dem Färben abmessen und 1 mm dazurechnen. So haben sie den richtigen Stand und können nicht umfallen.

Kerzen auf Holz bitte niemals unbeaufsichtigt brennen lassen.

Sternenhimmel

AUS OFENHÄRTENDER MODELLIERMASSE

Wer schläft denn nicht gerne unter einem Sternenhimmel? Wir definitiv! Egal ob an der Wand, über dem Bett oder im Fenster, dieser Behang zaubert überall eine großartige Stimmung.

MATERIAL

Ofenhärtende Modelliermasse, gold, silber, hellrosa, weiß
Satinband (3 mm breit), weiß
Birkenast (ca. 50 cm lang)
Jutekordel

SONSTIGES

Backpapier
Ausstecher: Sterne (groß, klein), Mond, Wolke
Nudelholz
Holzspieß (2 mm dick)
Schere

ANLEITUNG

Den Backofen auf etwa 110–130 °C Ober-/Unterhitze vorheizen (oder nach Modelliermasse-Packungsanleitung) und Backpapier auf ein Backblech legen.

Die Modelliermasse jeweils 2–3 mm dick ausrollen und daraus Sterne, Monde und Wolken ausstechen. Die Figuren auf das Backpapier legen und mit dem Holzspieß Löcher für das spätere Aufhängen in die Masse stechen. Anschließend die Figuren im vorgeheizten Ofen 30 Minuten (oder nach Packungsanleitung) härten. Dann aus dem Ofen nehmen und abkühlen lassen.

Satinbänder in verschiedenen Längen zwischen etwa 50 und 80 cm zuschneiden. An jedes Band am Anfang und Ende jeweils eine Figur knoten und an den Birkenast binden, sodass sie auf unterschiedlichen Längen hängen. Zuletzt die Jutekordel links und rechts am Ast für die Anbringung an der Wand befestigen.

TIPPS & TRICKS

Falls kein Mondausstecher verfügbar ist, einfach zwei unterschiedlich große Kreise verwenden. Erst den großen Kreis ausstechen und dann den kleineren Ausstecher versetzt so verwenden, dass eine Sichelform entsteht. So können z. B. auch die verschiedenen Mondphasen dargestellt werden.

Auch dieser Behang lässt sich großartig auf andere Jahreszeiten ummodeln: Blumen, Hasen und Eier sind z. B. super Motive für den Frühling. Flamingos, Sonne und Cocktails eignen sich für den Sommer oder Blätter in unterschiedlichen Formen und Farben für den Herbst.

MAISON

Tannenbäume & Sterne

AUS LUFTTROCKNENDEM TON UND KORKEN

Tannenbäume und Sterne bieten sich als perfekte Weihnachtsdekoration an. Mit den Korken lassen sich die Tonfiguren einfach aufstellen und das Blattgold verleiht der Dekoration das gewisse edle Etwas. Wunderschön als Tischdekoration oder auf der Fensterbank.

MATERIAL

0,5 kg lufttrocknender Ton, weiß
Anlegemilch für Blattgold
Blattgold
Weißweinkorken

SONSTIGES

Nudelholz
Ausstecher: Tanne, Stern
Backpapier
Washi-Tape
2 Pinsel
Feine Säge

ANLEITUNG

Den Ton auf der Arbeitsfläche etwa 3 mm dick ausrollen und daraus mit den Ausstechern die gewünschten Formen ausstechen. Tannen und Sterne auf ein Backpapier legen und nach Packungsanleitung 2–3 Tage trocknen lassen.

Dann mit dem Washi-Tape geometrisch Teile an den Bäumen und Sternen abkleben und die freien Flächen mit Anlegemilch bepinseln. Mit dem zweiten Pinsel das Blattgold aufbringen, Washi-Tape langsam abziehen und das Blattgold trocknen lassen. Überschüssiges Blattgold nach dem Trocknen vorsichtig entfernen.

Mit der Säge einen 2 cm langen Schlitz (mit gleicher Dicke wie die der Tannen und Sterne) oben in die Korken schneiden. Zuletzt die Figuren dort einsetzen.

TIPPS & TRICKS

Weißweinkorken bieten sich bei diesem Projekt an, da beim Rotwein der Korken oftmals verfärbt ist und unschöne Flecken hinterlässt.

Das Blattgold kann, passend zum eigenen Zuhause, durch dasselbe Material in Roségold oder Silber ersetzt werden. Oder einfach alle Metalle mischen.

Die Figuren kann man entweder einzeln dekorieren oder mehrere nebeneinander auf ein Tablett setzen.

Tannen-Weihnachtsbaumanhänger

AUS PAPIER

Ihr kennt wahrscheinlich alle diese wunderhübschen Eieranhänger an Ostern, die sich so superschön auffächern lassen. Ich fand es eine tolle Idee, diese als Weihnachtsanhänger umzuwandeln. Sie sehen kompliziert aus, sind aber einfach umzusetzen. Je nach Farbwahl passen sie zur klassischen Weihnachtsdekoration, aber auch zum aktuell beliebten Boho- und Hygge-Style.

MATERIAL

Papier (80 oder 120 g), beige, grün
Dünnes Band, braun
Holzperlen (ø 5 mm), mit Loch

SONSTIGES

Bleistift
Schere
Klebestift

ANLEITUNG

Auf Papier mit dem Bleistift ein symmetrisches Motiv der Wahl, hier z. B. Tanne, aufzeichnen und ausschneiden. Dieses als Vorlage nehmen und insgesamt 18-mal ausschneiden.

Alle ausgeschnittenen Tannen mittig an der Symmetrieachse falten. Die gefalteten Bäume mit dem Klebestift aufeinanderkleben, trocknen lassen und anschließend vorsichtig auffächern.

Vom braunen Band etwa 50 cm abschneiden, auf der Hälfte zu einer Schlaufe legen und einen Knoten binden, sodass die Schlaufe etwa 4 cm lang ist. Ein zweites Band mit ähnlicher Länge abschneiden, am Knoten einfädeln, befestigen und nach unten auf die anderen Bänder legen. Dann eine Holzperle unterhalb des Knotens auffädeln und alles in die Mitte des aufgefächerten Baumes legen. Klebestift auf die letzten Flächen des Baumes geben, den Baum komplett auffächern und mit den Klebeflächen schließen. Kurz trocknen lassen und eine weitere Perle unterhalb des Baumes auffädeln. Einen weiteren Knoten binden und zuletzt die Bänder auf 4 cm kürzen.

TIPPS & TRICKS

Alle Motive, die symmetrisch sind, eignen sich für diese Anhänger.

Die Motive können auch ohne Band und Perle als Deko-Figuren verwendet werden. Idee: Bäume in verschiedenen Größen, Formen und Farben auf ein Deko-Tablett stellen.

Keinen Sekunden- oder Heißkleber verwenden, da das Papier sonst wellig wird.

Für ein einfacheres Verstauen der Figuren und Anhänger zuletzt nicht mit Kleber, sondern mit einer Büroklammer verschließen.

Über die Autorin

Von Kindesbeinen an liebe ich es, zu basteln und zu backen. Fast jede freie Minute habe ich damit verbracht und mich damit kreativ beschäftigt. Keine Überraschung also, dass ich jobmäßig letztendlich auch im kreativen Bereich gelandet bin, im Automobil-Design als 3-D-Modelleurin.

Ende 2016 habe ich angefangen, meine Ideen und Kreationen auf meinem Instagram-Kanal ***@cosyfoxes*** und seit 2018 auch auf meinem gleichnamigen Blog ***www.cosyfoxes.com*** und dem zugehörigen Facebook-Profil ***@cosyfoxes*** zu teilen. Meine beiden Kinder lieben es, mit mir zu basteln und zu backen. Daher versuche ich die Rezepte und DIY-Projekte so einfach wie möglich zu halten, sodass meine Kinder auch fleißig mithelfen können. Und nachdem ich persönlich immer lieber ein Buch in den Händen halte, als alles digital nachlesen zu müssen, wollte ich meine Ideen unbedingt in solch einem festhalten.

Nachdem es für uns berufsbedingt durch meinen Mann 2020 nach Seoul ging, hatte ich endlich die nötige Ruhe und Zeit, sämtliche Projekte der letzten Jahre bildlich und schriftlich zusammenzufassen und meiner Kreativität für weitere Projekte freien Lauf zu lassen. Umso mehr freut es mich nun, alle Ideen in meinem ersten eigenen Buch veröffentlichen zu dürfen. Meine beiden Leidenschaften, Backen und Basteln, vereint und immer griffbereit. Eingeteilt in Jahreszeiten, finden sich für alle Feierlichkeiten optisch ansprechende Ideen, die einfach umzusetzen sind. Ich wünsche allen großen Bastlern und kleinen Backhelfern genauso viel Freude an den Projekten, wie ich sie habe.

Hugs & Kisses

Doris

Danksagung

Lange, eigentlich viel zu lange, habe ich mein Vorhaben, das Buch umzusetzen, vor mir hergeschoben. Umso dankbarer bin ich meinem Mann, meiner Familie und meinen Freunden, die mich immer wieder darin bestärkt haben, meinen Traum vom eigenen Buch zu verwirklichen. Ein großes Dankeschön geht auch an den Christophorus Verlag, der an meine Idee geglaubt und es gewagt hat, zwei Themen, das Backen und das Basteln, in einem zu verbinden und das Buch mit mir zu verlegen. Die Zusammenarbeit hat vom Kennenlernen bis zum finalen Druck sehr viel Spaß gemacht und es war eine Freude, jedes einzelne Projekt auf Papier zu bringen.

Impressum

Autorin: Doris Paesen
Fotos: Doris Paesen (ausgenommen: S. 5, 13, 45, 126 Sarah Fürbringer; S. 9, 18, 21, 73, 101 Saskia-Maria Hauptkorn; S. 40, 50 Jochen Paesen)
Produktmanagement: Svenja Wiglinghaus
Lektorat: Constanze Lüdicke
Korrektorat: Judith Bingel
Umschlaggestaltung: Ina Zimmermann
Layout: Elke Mader
Repro: LUDWIG:media
Herstellung: Julia Hegele
Printed in Poland by CGS Printing

★★★★★

Sind Sie mit diesem Titel zufrieden? Dann würden wir uns über Ihre Weiterempfehlung freuen. Erzählen Sie es im Freundeskreis, berichten Sie Ihrem Buchhändler oder bewerten Sie bei Onlinekauf. Und wenn Sie Kritik, Korrekturen, Aktualisierungen haben, freuen wir uns über Ihre Nachricht an: Christian Verlag, Postfach 40 02 09, 80702 München oder per E-Mail an lektorat@verlagshaus.de.

Unser komplettes Programm finden Sie unter

www.christophorus-verlag.de

Alle gezeigten Modelle, Projekte und Fotos sind urheberrechtlich geschützt. Eine gewerbliche Nutzung ist untersagt. Dies gilt auch für eine Vervielfältigung bzw. Verbreitung über elektronische Medien.

Autorin und Verlag haben alle Angaben und Anleitungen mit größtmöglicher Sorgfalt zusammengestellt. Dennoch kann bei Fehlern keinerlei Haftung für direkte oder indirekte Folgen übernommen werden. Stoffe, Materialien und Modelle können von den jeweiligen Originalen abweichen. Die bildliche Darstellung ist unverbindlich.
Sollte dieses Werk Links auf Webseiten Dritter enthalten, so machen wir uns die Inhalte nicht zu eigen und übernehmen für die Inhalte keine Haftung. In diesem Buch wird aus Gründen der besseren Lesbarkeit das generische Maskulinum verwendet. Weibliche und anderweitige Geschlechteridentitäten werden dabei ausdrücklich mitgemeint, soweit es für die Aussage erforderlich ist.

Die Deutsche Nationalbibliothek verzeichnet diese Publikation in der Deutschen Nationalbibliografie; detaillierte bibliografische Daten sind im Internet über https://www.dnb.de/ abrufbar.

Herstellernachweis:
The Salonette, www.thesalonette.de:
Wasserkrug, Glas und sämtliche Servietten

© 2023 Christophorus Verlag in der Christian Verlag GmbH, München
Infanteriestraße 11a
80797 München

Alle Rechte vorbehalten

ISBN 978-3-8411-0284-3

Kreativ-Service

Sie haben Fragen zu den Büchern und Materialien? Frau Erika Noll ist für Sie da und berät Sie rund um alle Kreativthemen. Rufen Sie an! Wir interessieren uns auch für Ihre eigenen Ideen und Anregungen. Sie erreichen Frau Noll per E-Mail: **kreativ-service@c-verlag.de** oder Tel.: **+49 (0) 89 130699577**

Besuchen Sie uns im Internet: www.christophorus-verlag.de & www.selbstgemacht.de

Ebenfalls erhältlich ...

ISBN 978-3-8411-0271-3

ISBN 978-3-8411-0224-9

ISBN 978-3-8411-0258-4

ISBN 978-3-8411-0260-7

CV

www.christophorus-verlag.de